DIE FISCHFRAU

Am vierten März fanden sie die Sirene. Die Fischer, die schon nachts aufgebrochen und an diesem Freitag in der ersten Morgendämmerung mit ihrem Fang an Bord zurückgekehrt waren, entdeckten ihren leblosen Körper, halb Fisch, halb Frau, auf dem um diese Uhrzeit noch menschenleeren Strand vor den östlichen Ausläufern der Stadt. Sie lag mit dem Gesicht zum Boden, die schwarzen, zottigen, algenumrankten Haare breiteten sich wie ein Vorhang über ihrem Rücken aus und die grünen Schuppen an ihrer Schwanzflosse glänzten noch feucht vom salzigen Wasser.

Es war fünf Uhr morgens, als die Fischer die Sirene fanden, und um diese Uhrzeit war Yaser schon längst wach. Er stand vor dem großen Spiegel im Haus seiner Mutter und kämmte seinen beiden Nichten das kastanienbraune glänzende Haar. Durch die geöffnete Tür drangen kühles Morgenlicht und das Gezwitscher der Vögel herein. Xochit und María klebte der Schlaf noch in den Augen. Sie waren so müde, dass sie Yasers grobe Bürstenstriche über sich ergehen ließen, ohne zu protestieren. Yaser flocht den beiden Mädchen je zwei Zöpfe, klammerte widerspenstige Strähnen an ihrem Kopf fest und deutete ihnen dann, sich auf den Boden zu setzen, während er einmal um die eigene Achse wirbelte, den Kochlöffel schnappte und in der Pfanne umrührte, in der das Gallo Pinto, Reis und dunkle Bohnen, im Fett brutzelten. Kaum hatte sie Platz genommen, fielen Xochit wieder die Augen zu, sie ließ sich zur Seite fallen, rollte sich auf den abgetretenen Dielenbrettern wie eine Katze zusammen und schenkte der Plastikschüssel mit dampfendem Essen, die Yaser vor ihre Nase gestellt hatte, keine Beachtung.

Während María aß und Xochit schlief, ging Yaser nach hinten in die Schlafkammer, um die dreijährige Sofía, die jüngste seiner drei Nichten, zu wecken. Er schmunzelte zärtlich, als sein Blick auf das fein geschnittene Gesicht und die dichten Wimpern des schlummernden Mädchens fiel, und behutsamer als im Umgang mit den anderen beiden Nichten schlug er die rote Steppdecke über ihrem Körper zurück und flüsterte ihr ein »Guten Morgen« ins Ohr.

Um halb sieben verließen sie gemeinsam das Haus. Die Luft war noch angenehm frisch und kühl, als sie über die Türschwelle traten, die hölzernen Stufen hinabstiegen und sich auf den halbstündigen Fußmarsch zur Schule aufmachten. Xochit und María hatten den Schlaf abgeschüttelt und hüpften mit fliegenden Zöpfen und ihren Schulranzen auf dem Rücken vor Yaser her, der die kleine Sofía auf seiner Hüfte trug, die schon nach wenigen Schritten den Kopf auf seine Schultern sinken ließ und dort einschlief. Keine zehn Meter vom eigenen Haus entfernt stand Valencias Hütte, die, genauso wie alle anderen Häuser hier, wegen der Nähe zum Meer auf Pfählen stand und aus Pinienholz gezimmert war, das Wind und Wetter über die Jahre ausgeblichen hatte. Valencia brach gerade zur Arbeit auf, sie hatte ihren beleibten Körper in ein zu enges Kostüm gezwängt, die vollen Lippen geschminkt und lachte ihnen zu. Yaser hob die Hand zum Gruß, verzog die Lippen und bleckte dabei seine Zähne, eine Angewohnheit, der er sich nicht bewusst war. »Heute Abend!«, rief Valencia ihnen hinterher.

Yaser musste Xochit und María, bis sie beim Schulgebäude angelangt waren, zweimal zur Achtsamkeit ermahnen, da diese übermütig vor ihm über den Gehweg hopsten und sich gegenseitig vom Randstein stießen. In dessen Hof tobten die Volksschulkinder in ihren dunkelblauen Uniformen mit den weißen gestärkten Kragen, jauchzend und kreischend wie eine Horde verrückter Kapuzineräffchen. Yaser packte die kleine Sofía ein wenig fester auf seine Hüfte, zog Xochit an ihren Zöpfen, weil sie María grundlos gegen das Schienbein getreten hatte, und lieferte seine beiden Nichten bei ihrer Klassenlehrerin ab. Dann durchquerte er mit langen Schritten den Hof, ging durch die breite Einfahrt der Schule und ließ, erleichtert aufseufzend, das Chaos hinter sich, als just ein Radfahrer um die Ecke sauste und Yaser, mit der kleinen Sofía auf seinem Arm, beinahe umgefahren hätte.

Mit quietschenden Bremsen kam der Radfahrer einige Meter hinter Yaser zum Stehen, und blindlings vor Wut drehte sich dieser um und ließ eine Tirade Schimpfwörter los. »Pendejo!«, schrie Yaser und Sofía schlug ihre großen mandelfarbenen Augen auf und blickte interessiert. »Bist du blind – oder was? Du hast mich fast niedergefahren, ich hab hier ein Kind auf dem Arm!« Der Radfahrer war ein Junge, noch keine zwölf Jahre alt, der um diese Uhrzeit eigentlich die Schulbank drücken sollte. Er nahm seine Baseballkappe ab, drehte sie zwischen den Händen und schaute verlegen zu Boden. »Tut mir leid«, murmelte er. »War keine Absicht.« »Du fährst, als hättest du keine Augen im Kopf!«, stellte Yaser schnaubend fest. »Am Strand«, stotterte der Junge und hob den Blick, »haben sie eine Sirene entdeckt.«

Obwohl er eigentlich nach Hause sollte, wo ein großer Korb voll mit schmutziger Kleidung darauf wartete, im Fluss gewaschen zu werden, beschloss Yaser, einen Blick auf die

Fischfrau zu werfen. Schließlich sah man solch ein Wesen nicht alle Tage, und die vertrocknete Sirene, die vor mehr als dreißig Jahren von Fischern am Meeresufer entdeckt und dann in einem Glaskasten des Heimatkundemuseums ausgestellt worden war, löste sich schon in ihre Einzelteile auf.

Schon aus der Ferne sah Yaser die Menschentraube, die sich um die gestrandete Meeresbewohnerin drängte. Sein Herz klopfte und er hielt Sofía die Augen zu, während er sich mit der Schulter voran durch die Menge schob. Als sein Blick auf die hässliche Fratze der Fischfrau fiel, erschauderte er.

Die Fischer hatten sie auf den Rücken gelegt, und so war ihr regloses Gesicht mit den blau verfärbten Lippen, die eine Reihe spitzer und weit auseinanderstehender Zähne entblößten, in Richtung des wolkenverhangenen Himmels gedreht. Die Kiemen an den Seiten ihres schlanken Halses glänzten noch feucht, ihr Oberkörper war nackt und auf ihrer linken Brust gähnte eine offene, eitrige Fleischwunde – dort, wo sich eigentlich die Brustwarze befinden sollte. Von der Hüfte abwärts ging der Körper der Sirene in eine grünbeschuppte Fischflosse über, die verkrümmt im Sand lag und im Tageslicht beinahe durchsichtig schimmerte.

Der Fund der Sirene blieb den ganzen Tag Gesprächsthema Nummer eins in Puerto Cabezas, der 5.000-Seelen-Stadt, die zugleich die Hauptstadt der Región Autónoma del Atlántico Norte an der nördlichen Karibikküste Nicaraguas war. In den Kneipen und Tavernen der Fischer und Drogenschmuggler, vor den Verkaufsständen der Marktfrauen, in den Holzhütten der Händler und Tandler, um die Garküchen am Straßenrand und auf den Bänken des Parque Central, überall erzählten sich die Menschen von der hässlichen Fischfrau am Strand. Die Einwohner von Puerto, oder

Bilwi, wie die Stadt in der Sprache der Mestizen heißt, freuten sich stets über eine Zerstreuung ihres Alltags, sie waren geübte Geschichtenerzähler und Possenreißer – und dafür fehlte es ihnen weder an Fantasie noch an Dreistigkeit. Bald schon waren dutzende Theorien in Umlauf, die zu erklären versuchten, wieso die hässliche Meerjungfrau ausgerechnet an den Strand von Bilwi gespült worden war.

Eine Geschichte besagte, sie habe einem Fischer schöne Augen gemacht und ihn verführt, aber als sie den Liebesblinden von seinem Boot ins Wasser ziehen wollte, um ihn dort mit Haut und Haar zu verschlingen, sei er wieder zu Verstand gekommen und habe ihr aus Notwehr die Brustwarze abgerissen. Sie sei an dieser Verletzung verblutet und mit der Flut an Land getrieben worden. In einer anderen Theorie verwandelte sich die Sirene in eine Heldin, die ein Boot beschützen wollte, das von einem Haifisch angegriffen worden war. Todesmutig habe sie sich vor sein Maul geworfen, im Kampf ihre Brustwarze verloren und sei schlussendlich an dieser Verletzung gestorben. Laut einer dritten Erzählung habe ein junger Mann die Meerjungfrau beim Fischen entdeckt, sich in sie verliebt und aus dieser ungewöhnlichen Beziehung sei ein Menschenkind entstanden. Doch als die Fischfrau das Neugeborene unter Wasser säugen wollte, sei aus ihrer Brust vergiftete Milch geflossen – Gottes Strafe für die frevelhafte Verbindung von Mensch und Monster – und das Baby, mit ihrer Brustwarze im Mund, leblos zum Meeresgrund gesunken. Darauf sei die Sirene in ihrem Gram zur Küste geschwommen, an Land gerobbt und habe sich dort an den Strand gelegt, um zu sterben. Nach dem dritten Bier meinten einige Männer, sich daran zu erinnern, die Fischfrau zu kennen. Manch einer wollte sich entsinnen, sie sei nachts zu ihm ins Boot gekommen, ein anderer habe sie mit angehaltener Luft in ihrem Unterwassergemach besucht. Doch mit ihrem rätselhaften Tod wollte niemand etwas zu schaffen gehabt haben.

Der Bürgermeister war an diesen Tagen nach Waspám verreist – sieben Autostunden auf schlaglochübersäten Lehmpisten durch den Dschungel – und sein Stellvertreter war weder persönlich aufzutreiben noch telefonisch zu erreichen. So beschlossen die Einwohner Bilwis, die Sirene erst einmal dort zu lassen, wo sie war, denn niemand wollte so recht die Entscheidung treffen, was mit ihr geschehen solle. Den ganzen Tag blieb ihr Körper von einer Menschentraube umringt, die sich erst aufzulösen begann, als die untergehende Sonne den Strand mit ihrem goldenen Licht überflutete und der Duft der Garküchen und Grillstände die Luft durchzog.

Yaser lag zu Hause in seiner Hängematte, mit der kleinen Sofía auf der Brust, die in sich versunken mit einer bunten Holzperlenkette spielte, und starrte auf das Foto seiner Schwester, das an der Wand gegenüber in einem dunklen Rahmen hing. Das Bild zeigte die 12-jährige Carolina in einem weißen Rüschenkleid, aus dem sie zu diesem Zeitpunkt schon fast herausgewachsen war und das um ihre Oberarme spannte. Sie hatte eine Seidenschleife in ihr schwarzes gelocktes Haar gebunden und schaute mit ernstem Blick in die Kamera. Zu ihrer Rechten saß die gebrechliche Großmutter auf einem Klappstuhl, der sie ihre Hand auf den krummen Rücken legte. Das Foto war am 70. Geburtstag der Großmutter entstanden, und zwei Wochen später, in der Semana Santa, der heiligen Osterwoche, in der alle auf den Strand gezogen waren, um dort die heißesten Tage des Jahres mit viel gutem Essen und Bier zu verbringen, war Carolina zum Schwimmen ins Meer gegangen und nicht wiedergekehrt.

Bei der Ostermette betrauerte die Kirchengemeinde ihren tragischen Tod.

Während Yaser von einer Seite zur anderen schaukelte und Sofía ihre kleinen Finger durch die bunten Holzperlen wandern ließ, stellte er sich die Frage, ob sich seine Schwester, anstatt zu ertrinken, in eine Sirene verwandelt habe. Vielleicht war sie dem Leben unter Wasser müde geworden und an Land zurückgekehrt, um ein letztes Mal ihre Familie zu sehen?

Valencia, die Nachbarin, hatte Yaser letztendlich rumgekriegt, mit ihr auszugehen. Die ganze Stadt – oder besser gesagt ihre männlichen Bewohner, denn die Frauen mussten auch trotz des Fundes der Sirene und der damit verbundenen Aufregung ihre Arbeit erledigen – hatte schon zur Mittagszeit zu trinken begonnen und so gab es Hoffnung auf eine unterhaltsame Freitagnacht. »Hilf mir, einen Mann zu finden«, sagte Valencia. »Nächsten Monat werde ich 28 und ich bin noch immer nicht verheiratet. Mama liegt mir jeden Tag damit in den Ohren, und ich kann ihr Gejammer nicht mehr ertragen.« »Du wirst auch heute niemand finden«, sagte Yaser schonungslos. »Du bist fett.« Er stach ihr mit seinem Zeigefinger in die weiche Taille. »Que malo!«, schrie Valencia auf. »Wie gemein du bist! Wieso bin ich eigentlich mit dir befreundet?« »Ich sag dir immer wieder, dass du weniger essen sollst«, sagte Yaser, ihren Einspruch ignorierend. »Aber du hörst ja nicht auf mich. So kriegst du nie einen Mann ab.« »Yaser«, zischte Valencia und stampfte mit ihrem Fuß auf. »Genug davon!« »Find dich mit der Wahrheit ab, Amiga«, murmelte Yaser und zupfte am Stoff seines weißen Spitzenkleides, das sich eng über sein pralles Hinterteil, die strammen Oberschenkel und die kleine Beule in seinem Schritt spannte. »Sag mir lieber, ob ich zum Anbeißen aussehe in diesem scharfen Teil!« »Die neue Miss World wirst du nicht«, schnarrte Valencia gehässig und nahm auf ihrem Bett Platz. Yaser schnalzte missbilligend mit seiner Zunge. »Ich müsste nur ein bisschen mehr trainieren und ein bisschen weniger essen«, stellte er fest, holte geräuschvoll Luft und streckte seine Brust raus und den Bauch rein, während er, mit erhobenem Kopf und wie auf einem Laufsteg, vor Valencia durchs Zimmer stolzierte. Valencia schnappte sich einen Polster und warf ihn Yaser an den Kopf.

»Ich könnte nie mit einem Schwarzen vögeln«, sagte Yaser, während sie über das brüchige Pflaster der Straße stöckelten. »Und wenn ich's noch so nötig hätte.« »Schau dich doch mal in den Spiegel«, sagte Valencia und drehte ungeduldig ihren Kopf, um Ausschau nach einem Taxi zu halten. »Du bist selbst schwarz, Yaser!« »Bist du blind?«, fauchte Yaser. »Meine Haut ist kaffeefarben, verdammt noch mal!« Valencia verdrehte die Augen, was Yaser im Dunkeln nicht sehen konnte. »Du bist ein Rassist«, stellte sie trocken fest. »Ich bin kein Rassist, aber Schwarze stinken. Und sie gefallen mir nicht. Ich werde mit keinem von ihnen vögeln. Und wenn er mir noch so viel Geld dafür bieten würde.« Die Scheinwerfer eines Autos, das um die Ecke bog, leuchteten im Dunkeln auf. Valencia blieb stehen und streckte ihre Hand raus. Der verbeulte Wagen hatte kein Taxischild auf dem Dach, trotzdem hielt der Fahrer an und kurbelte sein Fenster herunter. »Wir wollen ins Illiom, nimmst du uns mit?« »30 Córdoba«, sagte der Fahrer. Yaser und Valencia stiegen ein.

Im Illiom drängten sich die partywütigen Gäste dicht aneinander. Yaser und Valencia kämpften sich im grün schimmernden Licht zwischen den Stehtischen und Barhockern an verschwitzten Körpern vorbei zur Bar. Ausgelassenes Gelächter und betrunkenes Gegröle drangen an ihr Ohr und die Scherben zerbrochener Bierflaschen, die verstreut auf dem Boden lagen, knirschten unter ihren Sohlen. An der Bar bestellten sie eine Flasche Flor de Caña mit Limetten und Eis, prosteten sich zwinkernd zu und drückten sich dann, mit dem Rum und den Gläsern in der Hand, durchs Gemenge, um einen freien Platz auf der Tanzfläche zu finden. Inmitten von verliebten Pärchen, die ihre Körper gierig aneinanderschmiegten, wiegte eine brünette Schönheit zu den betörenden Klängen der Bachata-Musik ihre Hüften. Die halbwüchsigen Männer, die sich unbeholfen um die Tanzfläche drückten, verschlangen sie förmlich mit ihren Blicken. Yaser stieß Valencia mit dem Ellenbogen in die Seite, um ihre Aufmerksamkeit zu wecken. Dann stolzierte er mit weit ausholenden Schritten auf die Tanzfläche, platzierte sich neben der schönen Frau, schloss die Augen und tanzte. Während er sich mit geübten Bewegungen dem leiernden Klagen der Gitarren und dem eindringlichen Viervierteltakt des Basses hingab und die Musik von seinem Körper Besitz ergreifen ließ, spürte er, wie die Aufmerksamkeit der Partygäste mit einem Mal auf ihn übersprang. Die Blicke der Männer, beschämt und begierig zugleich, kribbelten auf Yasers Haut und er konnte sich ein triumphierendes Grinsen nicht verkneifen, als sich seine schöne Konkurrentin geschlagen gab und beleidigt von der Tanzfläche zog.

Um zwei Uhr morgens und eine weitere Rumflasche später stießen Yaser und Valencia prustend und verschwitzt die Tür vom Club auf und stürzten ins Freie. Yasers strenge Frisur hatte sich aufgelöst und die Schminke in seinem Gesicht war verwischt. Valencia torkelte unbeholfen in ihren hohen Schuhen. Ein Auto hielt mit quietschenden Reifen neben ihnen auf der Straße, der Beifahrer steckte den Kopf aus dem Fenster und rief über das Dröhnen der Boxen hinweg:

»Ey, Chicas, wollt ihr mit zum Strand?« Valencia zog die rechte Augenbraue hoch und raunte, während sie zu Yaser blickte: »Zum Strand? Was wollen die dort um diese Zeit?« Ein Bursche auf der Rückbank beugte sich vor und steckte den Kopf aus dem Fenster des Beifahrers. »Wir bringen der Sirene ein paar Flaschen Bier vorbei!« »Vamos, vamos!« Der Fahrer ließ den Motor aufheulen. »Los, fahren wir!«, sagte Yaser und schnappte sich Valencias Handgelenk. »Yaser!«, zischte Valencia und packte ihn am Kleid. »Nachts ist es gefährlich am Strand!« Yaser schüttelte sie ungeduldig ab. »Jetzt hab dich nicht so!« Schwungvoll riss er die Hintertür auf und zog sie ins Auto. »Gib Gas!«, brüllte er dem Fahrer ins Ohr.

Im Inneren des Autos war es dunkel, nur die Anzeigen auf dem Armaturenbrett leuchteten grün. Aus den Boxen dröhnte Dancehall, der Boden war mit leeren Zigarettenpackungen übersät und der Fahrer hielt mit der Rechten eine Bierdose, während er mit der Linken das Auto durch die parkenden Fahrzeuge vor dem Illiom steuerte. »Ich hab dich tanzen gesehen, drinnen im Club«, sagte der Beifahrer und drehte sich zu Yaser um. »Hast ganz schön gut ausgeschaut – für einen Mann.« »Ach«, sagte Yaser und zupfte geschmeichelt an seinem Kleid. »Wie kannst du nur mit diesen Schuhen gehen?«, fragte der Bursche, der neben ihm saß, mit einem Blick auf seine Pumps. »Gewohnheitssache«, winkte Yaser ab. »Vögelst du mit Männern oder Frauen?« Auf die Frage des Beifahrers brachen die drei jungen Männer in grölendes Lachen aus. »Ich versteh das nicht«, sagte der Fahrer, als das Gelächter wieder verebbte. »Warum sich einer freiwillig in den Arsch ficken lässt.« Valencia verschränkte die Arme und starrte angestrengt aus dem Fenster in die Dunkelheit hinaus.

Wolken verdeckten den Mond und pechschwarz lag die Nacht über der Karibikküste. Yaser hatte seine Schuhe ausgezogen und lief barfuß über den Strand. Feucht und kalt fühlte sich der Sand unter seinen nackten Fußsohlen an. Es dauerte nicht lange, bis sie die Sirene gefunden hatten. Im kalten Lichtschein der Handydisplays sah sie noch unheimlicher aus, als Yaser sie in Erinnerung hatte. Die Sonne hatte ihr alle Feuchtigkeit entzogen und ihre ausgetrocknete und verschrumpelte Haut leuchtete wächsern in der Dunkelheit. Schwer atmend, standen die Burschen um den leblosen Körper herum und wagten nicht zu sprechen. Yaser war mit Valencia abseits geblieben, weil diese sich stur weigerte, einen Blick auf die Fischfrau zu werfen, und so hatten die jungen Männer aus dem Auto die Gegenwart der beiden vollkommen vergessen. »Glaubt ihr, man kann die ficken?«, fragte schließlich der Bursche von der Rückbank mit leiser Stimme. Das darauf folgende schallende Gelächter seiner Freunde zerriss die Stille der Nacht. »Wohin willst du sie denn ficken?«, prustete der Beifahrer. »Amigo, die Tussi hat eine Fischflosse, und du willst ihr zwischen die Beine?«, stöhnte der Fahrer und hielt sich vor Lachen den Bauch. »Sie wird ja wohl irgendwas zum Ficken haben!« »Du kannst sie ins Scheißloch ficken«, sagte der Beifahrer und stieß ihn mit dem Ellbogen an. Wieder bogen sich die Männer vor Lachen. »Carlos will die Fischtussi ficken!«, kreischten sie aufgekratzt. »Los, komm schon, zeig uns, was du drauf hast!« Der Bursche von der Rückbank wurde wütend. Er versetzte dem Körper der Sirene einen Tritt. »Ich will hier gar niemanden ficken«, rief er und stampfte mit dem Fuß auf. »Fickt ihr sie doch, ihr Schwanzlutscher, ihr kriegt ja sonst niemanden ab! Oder nehmt die Tunte dort«, er zeigte auf Yaser. »Die hat's auch schwer nötig!« Mit diesen Worten spuckte er auf den Boden und ging davon, ohne sich noch einmal umzudrehen.

Seine zwei zurückgelassenen Freunde tauschten erstaunte Blicke. Von einem Bein aufs andere steigend, zuckten sie ratlos mit ihren Schultern. »Ich hätte nichts dagegen, die Tunte zu ärgern«, stellte schließlich der Fahrer fest. »Warum nicht«, stimmte ihm der Beifahrer zu. Die beiden Männer drehten sich von der Sirene weg, richteten den Lichtstrahl ihrer Handys auf Yaser und Valencia, und mit einem Mal lag eine Bedrohung in der Luft, die Valencia frösteln ließ. Sie warf einen alarmierten Blick zu Yaser, der unerwidert blieb.

»He, Püppchen«, rief der Fahrer und ging auf Yaser zu. »Hast du mal Lust, dich wie ein echtes Mädchen zu fühlen?« Yaser warf den Kopf in den Nacken und hielt dem Fahrer die erhobenen Hände entgegen, mit denen er seine Schuhe hielt. »Komm nur her, ich stech dir mit meinen Stöckeln die Augen aus!«, zischte er. Die beiden Männer gingen in Angriffsposition. Yaser bleckte seine Zähne. Valencia klopfte das Herz bis zum Hals. Und in dem Moment, als Fahrer und Beifahrer zum Sprung ansetzten, um Yaser zu packen, fing sie mit einem Mal an zu schreien. Hoch und schrill fegte ihre Stimme über den Strand und die beiden Männer zuckten zusammen. »Scheiße, scheiße«, kreischte Valencia und zeigte mit dem Finger in die Dunkelheit. »Die Sirene hat sich bewegt, sie lebt!« Mehr brauchte es nicht. Fahrer und Beifahrer sprangen vor Schreck in die Höhe, stützten sich gegenseitig und stieben wankend und torkelnd in die Dunkelheit davon. Yaser senkte langsam seine Hände und ließ die Pumps zu Boden fallen. Schwer atmend, nahm er neben seinen Schuhen Platz und vergrub das Gesicht in den Händen.

Sie blieben den Rest der Nacht am Strand, weil Valencia sich weigerte, im Dunkeln in die Nähe der Straße zu gehen – sie hatte Angst, die betrunkenen Männer würden ihnen auflauern. Sie weigerte sich auch, mit Yaser zu reden, nachdem dieser zugegeben hatte, dass es eine blöde Idee gewesen war, in das Auto zu steigen. So saßen sie schweigend Seite an Seite im feuchten Sand und starrten ins Meer. Die Wolken lösten sich auf und der Schein des Mondes fiel auf den Atlantik. Die Wellenkämme glitzerten silbern in seinem Licht. Irgendwann fiel Valencias Kopf auf Yasers Schulter und sie schlief ein. Am Morgen konnte Yaser nicht sagen, ob auch er geschlafen hatte. Ihm war es, als hätte sich die Sirene bewegt. Als er daraufhin den Kopf drehte, lag die Fischfrau ihm mit dem Gesicht zugewandt gegenüber und starrte ihn aus dunklen Augen an. Und da kam es ihm so vor, als hätte er für einen Moment in die dunklen Augen seiner Schwester geblickt.

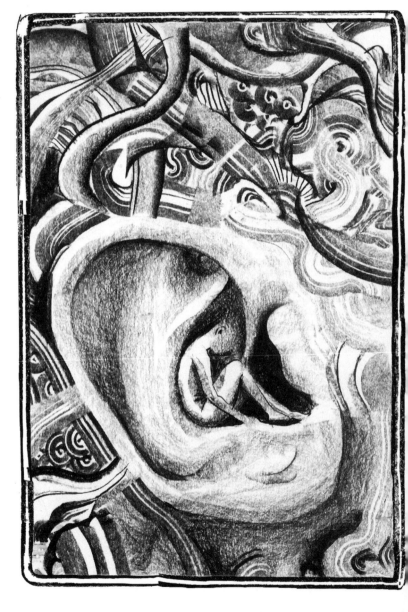

DER KAUZ

»Zeit spielt keine Rolle mehr!« Gunnar strich sich mit seinen langen, feingliedrigen Fingern über den kahlen Kopf. »Er ist trotzdem froh, dass Ihr gekommen seid. Sie haben sich lange nicht gesehen.« »Ja.« Ich wiegte den Kopf aus schlechtem Gewissen. »Du weißt ja, wie das ist.« »Natürlich«, nickte Gunnar. »Er hofft, die Kinder sind wohlauf.« »Sie wachsen«, sagte ich mit gewissem Stolz.

Das Licht der spätsommerlichen Sonne ging zur Neige und tauchte die kahlen Berghänge und zerklüfteten Schluchten des Teils der Sierra Nevada, der sich Alpujarras nennt und südöstlich von Granada erstreckt, in kupferfarbenes Licht. Gunnars Platz lag, weitab von den anderen der Kommune, einige hundert Meter steil bergauf, sodass sich so gut wie niemand hierher verirrte. Wir saßen vor seiner Holzhütte, die sich krumm und schief an eine steile Felswand schmiegte und sich hinter Nadelbüschen und Gestrüpp vor neugierigen Blicken versteckte, auf der Klippe des Berghanges und genossen die Aussicht auf die schroffen Gipfel, die hinter dem sanft bewaldeten Tal zu unsren Füßen, das die Kommune seit zwei Jahrzehnten bewohnte, steil in den Himmel ragten.

»Er ist jetzt im zehnten Jahr hier«, sagte Gunnar. »Das hat er nachgerechnet. Zehnmal hat er gesehen, wie die Sonne am 21. März dort drüben über der Straße, seht Ihr, wo das Auto gerade um die Kurve biegt …« Er zeigte nordwestlich auf den Berghang gegenüber, wo sich ein blaues Auto über die steile Serpentinenstraße quälte, und ich nickte. »Natürlich«, entschuldigte sich Gunnar. »Ihr habt auch viel bessere Augen als ich.« Er räusperte sich. »Jedenfalls zehnmal hat er die Sonne dort untergehen sehen, und wiederum neunmal am 23. September genau dort drüben. Gunnar zeigte nach Nordosten: »Da kommt zuerst der große Busch, dann der kleinere daneben und dann der Flecken Gras, der sich so wölbt wie ein Kissen, genau dort versinkt die Sonne zu Herbstbeginn. Es fehlt nicht viel zu meinem zehnten Mal.« »Wie wahr«, stimmte ich ihm zu, denn die Nächte wurden kühler.

Mit seiner linken Hand strich Gunnar versonnen über die kleingehäckselten Piniennadeln, mit denen er den Boden vor seiner Haustür ausgelegt hatte. Als wäre es gestern gewesen, konnte ich mich erinnern, was für ein Bild er abgegeben hatte, als er vor seiner frisch errichteten Hütte stand und mit einem Beil auf die zu einem Haufen aufgeschichteten Nadeln eingeschlagen hatte. Bei jedem Hieb vibrierte der Boden. Der Schweiß lief ihm in dicken Rinnsalen von der Glatze seinen Rücken entlang, tropfte über das nackte Gesäß und sammelte sich auf dem Waldboden zu einer Lache.

»Er hat ein wenig nachgedacht«, sagte Gunnar, »über die Zeit, die vergangen ist. Nichts ist geschehen – und trotzdem ist so viel passiert.« Ich drehte meinen Kopf und musterte Gunnars Gestalt.

Die Glatze, seine farblosen Augenbrauen und die weißblonden Wimpern ließen sein Gesicht nackt erscheinen, verliehen ihm ein filigranes, zerbrechliches Aussehen. Tiefe Falten zerfurchten die Stirn, an Kinn und Hals war seine Haut dünn und durchlässig geworden, das Bindegewebe gab der Schwerkraft nach. Gunnar ging meistens nackt, schützte seinen mageren, langgliedrigen Körper nur bei Temperaturen um die null Grad mit einer leichten Decke, und wenn er, so wie jetzt, gekrümmt auf dem Boden hockte, dann war jede einzelne der 24 Dornen seiner Wirbelsäule, die sich gleich einer nahtlosen Perlenkette Glied um Glied an seinem Rücken entlangreihten, zu sehen. Irgendwann, vor abertausenden Jahren, waren die Menschen noch Affen, davor vielleicht Vögel oder Fische gewesen. Gunnar aber, da war ich mir sicher, stammte von den Echsen ab.

»Es kommt ihm so vor, als wär es gestern gewesen«, sprach Gunnar weiter. »Als er vor zehn Jahren die Schotterpiste hinuntergefahren und dann hier angekommen ist – mit seinem weißen Transit. Wie er den Motor abstellte, die Tür öffnete und den ersten Schritt auf diesen Boden setzte. Die Sonne hat ihm auf seinen Schädel gebrannt. Als wäre es gestern gewesen, so deutlich erinnert er sich.« Er stützte die Ellbogen auf seine Knie und legte den Kopf in die Hände. »Davor hat er auch gelebt, so wie alle anderen. Dreißig Jahre lang gearbeitet. In die Pensionskasse eingezahlt. Versucht, eine Familie zu gründen. Vier Kinder gezeugt, mit zwei verschiedenen Frauen. Geraucht, getrunken, gekifft. Was du als Mensch eben so machst.« Er zuckte mit den Schultern. »Dann wollte er etwas verändern in seinem Leben. Hat eine Hypothek aufgenommen. Sich einen Vierkanter, einen heruntergekommenen Bauernhof im Schwabenland, gekauft. Das Dach repariert und Warmwasserleitungen verlegt. Alles selbst gemacht. Was er da geschwitzt hat. Um es sich dann erst recht wieder anders zu überlegen. Ein paar Jahre später hat er alles verkauft, die Versicherungen gekündigt und auf jegliche Sozialleistung des deutschen Staates verzichtet. Dann hat er sich den Transporter besorgt. Allen auf Wiedersehen gesagt und ist, ohne sich noch einmal umzudrehen, Richtung Westen, nach Spanien, gedüst.«

Gunnar machte eine Pause. Die krummen Nadelbäume zogen auf den Sandsteinfelsen lange Schatten. Das kupferfarbene Licht war violett geworden.

»Den Transporter hat er dann gleich nach der Ankunft einer jungen Mutter geschenkt«, sagte er dann. »Die hat sich gefreut, mein Lieber! Nur eines wollte er dafür. Ein Buch um 13,95. *Lichtnahrung* von Dirk Schröder. Und was darin geschrieben steht, das versucht er jetzt zu praktizieren.«

Innerlich verdrehte ich die Augen. Gunnars abstruse Diätversuche waren mir bekannt. Wir hatten dieses leidige Thema schon öfter durchgekaut.

»Die ersten sieben Tage nimmst du kein Wasser zu dir und keine Nahrung«, erklärte Gunnar. »Am achten Abend darfst du ein Glas Orangensaft trinken, sehr verdünnt. Das wird dann gesteigert, bis du am Ende der zweiten Woche schön dicken Orangensaft zu dir nimmst. Am 21. Tag bist du fertig. Dann ist deine Entwicklung vollendet.«

»Du weißt, was ich davon halte«, sagte ich.

»Papperlapapp«, winkte Gunnar ab. »Du hast es auch nie ausprobiert. Alles steht und fällt mit der Gewohnheit. Sie ist die Essenz des Lebens und zur gleichen Zeit ihr Fluch. Niemand weiß das besser als ich. Das Gute ist: Jede Gewohnheit lässt sich abgewöhnen und durch eine andere ersetzen. Was allerdings ein großes Stück Arbeit ist.«

»Das Essen gehört mir zu den liebsten Dingen auf Erden«, protestierte ich. »Licht gibt es sowieso. Wieso aufs Essen verzichten, wenn ich beides haben kann?«

»Er versteht das schon.« Gunnar kratzte sich am Kopf. »Wenn er an eine Scheibe knuspriges Schwarzbrot denkt, wisst Ihr, und dann eine Schicht schmelzende Butter, eine Prise Salz und ein dickes Stück von einem richtig stinkigen Bergkäse drauf, ui, da läuft dem Gunnar das Wasser im Munde zusammen!« Er begann wie ein übermütiges Kind zu kichern und steckte sich dabei Daumen und Zeigefinger zwischen die Lippen. Nachdem er sich glucksend und gurgelnd von seinem Anfall erholt hatte, wurde er wieder ernst und sagte in bedauerndem Ton: »Der Gunnar hat es nie geschafft, sich von Licht zu ernähren. Er ist nicht bis zu diesem fortgeschrittenen Stadium durchgestoßen. Der Hunger war immer zu groß. Die Gewohnheiten zu mächtig.«

»Ist sicher besser so«, sagte ich.

»Er isst ja sowieso kaum noch. Ab und zu kommen Leute rauf, die schenken ihm Nudeln und Reis, aber das braucht er alles nicht mehr. Ein bisschen Mehl vielleicht. Für sein Chapati, das er sich ab und zu macht. Mit Olivenöl und Kräutern, das ist dann ein Festmahl für ihn. Soll er eines backen für Euch? Habt Ihr Hunger? Mehl hätte er genug!«

»Nein, Gunnar, behalt dein Mehl für dich.« Ich schüttelte den Kopf. »Der Winter kommt bald, dann brauchst du es bestimmt.«

Das letzte Zittern der untergehenden Sonne war erloschen. Die leuchtenden Abendstreifen verglommen. Es war dunkel geworden. Nacht legte sich über die Sierra Nevada.

»Wenn Ihr ihn für einen Moment entschuldigt«, sagte Gunnar. »Dann würde er sich gerne seinen Tabak holen. Jetzt ist der rechte Zeitpunkt für eine kleine Zigarette.« »Natürlich«, nickte ich.

Gunnar erhob sich und schritt zu seiner Hütte. Unter seinen bloßen Füßen knirschten die zerhäckselten Piniennadeln. Die Tür knarrte, als er sie öffnete. Ich wusste, wo er seine Tabakdose versteckte. Blindlings würde er unter den Altar langen, auf dem eine halb abgebrannte weiße Kerze thronte, Buddha-Miniaturen im Lotussitz meditierten und außergewöhnliche Steine und Fossilien, Fundstücke von Gunnars Waldspaziergängen, auf dem blauen Tischtuch lagen, und nach der hölzernen Dose tasten. In seiner Hütte konnte Gunnar nur mit gebeugtem Rücken stehen. Wenn im Winter der eisige Wind um die Berge fegte und die Gipfel mit Schnee bedeckt waren, saßen wir gern drinnen auf dem Teppichboden. Gunnar an sein Bett mit den roten Vorhängen gelehnt und ich in Betrachtung seiner Petroleumlampen vertieft, deren Anzahl jedes Jahr aufs Neue schrumpfte, da er seine Sammlerstücke an Vagabunden, die im Sommer das Dorf wie die Fliegen überfielen, um dann mit Einbruch der Kälte Hals über Kopf in ihr bequemes Zuhause zu fliehen, verschenkte.

Im grellen Schein seiner Stirnlampe kehrte Gunnar mit der Tabakdose zurück. »Er hat leider nicht so gute Augen wie Ihr«, sagte er, während er sich setzte. Er öffnete den Deckel der Box in feierlicher Manier, nahm dann zwischen die Finger seiner linken Hand ein Stück Zigarettenpapier, legte einen Filter in den Knick in der Mitte und zückte eine hölzerne, savarettenförmige Drehhilfe. Behutsam begann er, das Papier um den runden Holzstab zu biegen und mit bedächtigen Bewegungen zwischen den Fingern zu rollen, um das hauchfeine Material in die Form einer Zigarette zu zwingen. Als sich das Papier schon beinahe von allein um die Drehhilfe legte, befeuchtete er den Rand mit seiner Zungenspitze und klebte es zu. Gunnar drehte die zylinderförmige Rolle um, sodass die Drehhilfe in die Dose entglitt, nahm sich eine Pinzette und stopfte Tabak in die Zigarette. Schweigend sah ich ihm dabei zu, bis er seine Arbeit vollendet hatte, zum Schluss ein Feuerzeug zückte und die Dose wieder verschloss. Er knipste seine Stirnlampe ab und so blieb die glühende Zigarette das einzige Licht in der

Dunkelheit, die uns, gemeinsam mit dem Geflüster und Geraschel der nächtlichen Lebewesen, umgab.

»Schade, dass Ihr nicht raucht«, sagte er. »Sonst hätten wir die Zigarette teilen können.«

»Nicht der Rede wert«, winkte ich ab. »Diese Gelüste sind mir fremd.«

»Dafür solltet Ihr Euch glücklich schätzen. Er weiß, wovon er spricht.«

Vor jedem Zug führte Gunnar seine Zigarette zuerst zur Stirn, dann zum Herzen und senkte schließlich den Kopf in einer demütigen Geste. »Wie sich alles verändert hat.« Er blies den Rauch Richtung Himmel. »Was er alles gemacht hat, als er hier vor zehn Jahren angekommen ist. Er hatte diesen Zwang verspürt, sich zu betätigen. Hat Arbeiten begonnen, deren Zwecke ihm heute schleierhaft sind. Das war reine Ablenkung, wenn Ihr ihn jetzt danach fragt. Ein Totschlagen von Zeit. Aber am Anfang, da war er es noch so gewöhnt. Von seinem Leben in Deutschland. Da ist er noch nicht mit sich selbst zurechtgekommen. Hat Angst bekommen, so ganz allein. Die Situation war ihm völlig fremd. Er hat ja schließlich immer etwas gemacht. Egal, ob es sinnvoll war oder nicht.«

Ich blinzelte. Eine Maus war vor unseren Füßen vorbeigehuscht und interessiert sah ich ihr hinterher, wie sie an der Böschung zwischen den Büschen verschwand. »Er ist viel in den Bergen gewandert«, redete Gunnar weiter, ohne die Maus zu bemerken. »Hat den großen Tierkreiszyklus nachgerechnet und mit Hilfe der Lichtgeschwindigkeit die Präzession der Erdumdrehung überprüft. Heute ist er sich aber nicht mehr sicher, ob seine Messung stimmt. Er hat die Vermutung, er habe sich um eine Kommastelle verzählt.«

»Das ist nicht weiter schlimm.« Ich fragte mich, ob es dort drüben in den Büschen mehr von diesen Mäusen gab.

»Jetzt macht der Gunnar nichts. Zumindest nichts von alledem. Er hat das Interesse an Rechnungen und Messungen verloren. Das Einzige, was zählt, ist der Kontakt zur Natur. Das ist ausschlaggebend. Bestimmt sein Leben. Denn wenn du dich geöffnet hast fürs Universum, wenn du bereit bist zu empfangen, dann kriegst du alle Informationen, die du brauchst. Alles, was du jemals wissen wolltest, das kannst du dann erfragen. Was soll ich da noch mit blöden Kalkulationen anfangen?«

»Ja«, sagte ich ohne großes Interesse.

»Deswegen hat er auch den meisten Kontakt zu den Menschen unterbunden. Weil er das Gefühl hat, sie würden ihn an der Reinheit der Erfahrung hindern. Er hat sich voll eingelassen auf die Natur. Er tut sich schwer mit der Art der menschlichen Wesen.«

»Menschen sind schwierig«, stimmte ich ihm zu.

»Er hat auch keinen Kontakt mehr zu denen im Dorf«, sagte Gunnar. »Ja, ab und zu steigt er vom Berg und belästigt sie mit seinem Gitarrenspiel. Und ist jedes Mal aufs Neue verwundert, wie geduldig sie mit ihm sind.« Er kicherte hinter vorgehaltener Hand.

Ich schob die Mäuse in Gedanken beiseite und seufzte. »Mir machen die Kinder zu schaffen«, vertraute ich mich ihm an. »Das ewige Gequängel, das Getobe, das Gerangel. Wie sie miteinander streiten! Aus Angst, zu wenig zu kriegen. Leer auszugehen neben den anderen. Ich bin sehr enttäuscht. Sie sollten wissen, wie sehr wir sie lieben und dass wir uns kümmern, um ein jedes von ihnen. Dass niemand dabei zu kurz kommen wird. Sie sollten zueinander halten. Schließlich sind sie Geschwister.«

»Das kann er gut verstehen.« Gunnar hatte fertig geraucht und drückte seine Zigarette sorgfältig auf einem Stein aus. »Wie im Kleinen, so im Großen. Der Eigennutz greift um. Die Habgier grassiert. Der Egoismus breitet sich aus. Mein einziger Trost bleibt die Gewissheit, dass überall im Universum Bewusstseinskulturen zugrunde gehen. Dass wir nicht die Einzigen sein werden, die über kurz oder lang verschwinden.«

»Diesen Gedanken finde ich aber nicht sehr beruhigend«, entgegnete ich. »Schließlich glaube ich an meine Kinder. Ich möchte, dass aus ihnen das Beste wird. Dass ihnen eine schöne Zukunft blüht. Sie sind das, was von mir übrig bleibt, wenn ich eines Tages nicht mehr bin.«

»Seid Euch da nicht so sicher.« Gunnar wiegte den Kopf. »Ihr wisst nicht, was passieren wird, wenn es Euch in dieser Gestalt nicht mehr gibt. Der Tod, das ist nur ein Übergang. Eine Passage, die es zu durchwandern gilt. Aber fest steht: Wenn ein bestimmter Zeitpunkt überschritten ist, dann gibt es kein Zurück. Wenn wir alle uns nicht auf ein tugendhaftes Leben besinnen, dann wird unser Planet qualvoll zugrunde gehen und ein furchtbares Ende finden. Eines Tages ist der letzte Tropfen Trinkwasser versiegt. Alle Pflanzen sind verdorrt. Europa wird eine tote Wüste sein, aus Staub und Beton. Die Frauen, sie leben in Käfigen. Werden als Geiseln gehalten, damit die Männer die Milch ihrer Brüste trinken können, um nicht zu verdursten. Das, mein Freund, das ist die Zukunft unseres Planeten!«

»Wie kannst du an so etwas Furchtbares glauben?«, fragte ich, mich schüttelnd. Doch Gunnar war nicht mehr aufzuhalten. »Dem Universum wird es dann egal sein, ob wir zugrunde gehen«, rief er mit dröhnender Stimme. »Es ist ihm ganz schnuppe, wie elend wir uns dabei fühlen. Denn das

Universum konzentriert dann all seine Kraft auf eine neue Galaxie, auf einen neuen Planeten und dessen Lebewesen, für deren Entwicklung es noch Hoffnung gibt.«

Gunnars Prophezeiung empörte mich. Ich kannte seine düsteren Geschichten und es kostete mich viel Beherrschung, hockenzubleiben, anstatt auf und davon zu fliegen.

»Was unten ist, ist oben«, flüsterte Gunnar nun. »Es ist noch nicht zu spät! Seit 1950 befinden wir uns im Zeitalter des Wassermannes. Das Bewusstsein der jungen Menschen verändert sich, das ist deutlich zu spüren. Sie wollen etwas ändern, sie wollen bewegen. Nur wie, das wissen sie nicht.«

»Wenn die Menschen etwas bewegen wollen, dann geht dieses Experiment meistens schief«, erwiderte ich zynisch.

»Ja«, stimmte Gunnar mir zu. »Da habt Ihr leider recht. Das wissen wir. Kennen wir allzu gut. Schließlich waren wir schon immer da und werden immer bleiben. In jedweder möglichen Gestalt. Ob als Wassermolekül, Sandsteinkorn, Algenranke, Bussard oder Pharao. Wir tragen an allem die Schuld. Haben alles zu verantworten. Wir sind es, die Unruhe stiften. Böses machen. Den Planeten zerstören. Wir wissen darum. Wir wissen es nur zu gut. Und wir werden den Schaden rückgängig machen. Alle Hebel in Bewegung setzen, um den schlechten Elementen ein Ende zu bereiten. Wir können das. Wir können es wirklich schaffen.«

»Hm«, entgegnete ich ratlos.

»Es war wichtig, dass die Menschheit gelitten hat«, redete Gunnar weiter. »Es war wichtig für ihre Entwicklung. Nichts ist umsonst gewesen. Alles hat seine Bedeutung gehabt. Aber jetzt muss es weitergehen. Muss der sinnlosen Gewalt Einhalt geboten werden. Die Zerstörung unseres Lebensraumes ein Ende finden. Denn wenn die Menschen nicht wachsen und in dem Stadium verweilen, in dem sie jetzt sind, dann wird sich unsere Gattung auf grausame Art und Weise selbst vernichten.«

Ich kratzte mit meinen Füßen über den Waldboden und dachte, dass es Zeit wäre zu gehen.

»Der Gunnar hat eine wichtige Aufgabe«, raunte Gunnar. »Auf die er niemals vergisst. Die nimmt er sehr ernst. Denn jeden Tag, wenn er hier vor seiner Hütte sitzt und alles Wissen in sich saugt, das ihm das Universum gibt, dann verwandelt er die Informationen in Energieströmungen. Er sitzt zwar hier, doch seine Erkenntnis, die fliegt um die Welt. Der Gunnar sendet seine Informationen an die neuen Generationen auf unserem Planeten, er will ihr Bewusstsein verändern, Raum dafür schaffen, damit sie ihre Fehlerhaftigkeit erkennen und neue Wege einschlagen können. Es liegt in seinen Händen, dass etwas geschieht.«

»Aha.« Ich rollte mit den Augen.

»Und dann werden sie kommen«, sagte Gunnar, und seine Stimme bekam einen hohen Knick. »Sie werden kommen und ihn vierteilen, aufknüpfen und von Hubschraubern in Stücke reißen lassen. Aber das ist dem Gunnar egal. Schmerzen stören ihn nicht. Er kennt keine Angst. Denn morgen kommt er zurück, in einer anderen Gestalt, und macht dort weiter, wo er aufgehört hat.«

Er kicherte wieder.

Ich streckte meine Glieder. Vom langen Hocken tat mir alles weh. »Ich muss dann los«, sagte ich. »Meine Frau wird sich fragen, wo ich so lange bleibe.«

»Hat er wieder zu viel gequatscht?«, fragte Gunnar, mit einem Mal besorgt. »Er ist Ihm hoffentlich nicht auf die Nerven gegangen.«

»Nein, nein!« Ich strengte mich an, meiner Stimme einen unbeschwerten Ton zu geben. »Es wird bloß Zeit, sich um das Nachtmahl zu kümmern. Den Kindern knurrt der Magen.«

»Kann er Ihm noch irgendetwas anbieten?«, fragte Gunnar. »Ein Chapati wolltet Ihr ja nicht, aber vielleicht ein bisschen Reis?«

»Danke«, wehrte ich ab. »Die Unterhaltung hat gereicht, mich zu beglücken.«

»Mich hat es auch sehr gefreut.« Gunnar lächelte schüchtern. »Ich hoffe, Ihr kommt bald wieder auf einen Besuch.«

»Mit Sicherheit«, sagte ich und plusterte mein Gefieder.

»Richtet der Frau und den Kindern Grüße aus«, sagte Gunnar, als ich ein paar Schritte trippelte, um Schwung zu holen, dann kräftig meine Füße in den Boden drückte, mich abstieß von der weichen Erde und mit gespannten Flügeln in die Luft erhob. »Und macht Euch keine Sorgen um den Nachwuchs!«, rief er mir noch hinterher, während ich höher und höher stieg, über das Dach seiner Hütte und die Pinienwipfeln hinweg entschwebte. »Aus denen wird bestimmt auch einmal so ein prächtiger Kauz, wie Ihr es seid.« Ein Windstoß erfasste mich und ich ließ mich von ihm über die Böschung tragen, warf noch einen kurzen Blick auf den steilen Berghang, der unter mir lag, legte dann das Gewicht auf die Seite, um die Richtung meines Horsts einzuschlagen, und stieß krächzend einen letzten Abschiedsgruß aus, dessen Echo an den Felswänden abprallte und irgendwo zwischen den ehernen Gipfeln und einsamen Tälern der Sierra Nevada verhallte.

DAS PARADIES
FÜR MARIE

Die Sonne war gerade im Begriff, hinter den weißen Wellenkämmen des Pazifiks unterzutauchen, und bevor mit ihrem Verschwinden und der anbrechenden Dunkelheit die Mücken erwachen und in hungrigen Schwärmen Mensch und Tier überfallen würden, lag eine friedliche Stimmung über dem Strand. »Don't forget to give Tina a hug!«, hörte Gerhard die Barfrau rufen, während er seinen verstaubten Rucksack abstellte, gegen die hölzerne Tresenwand lehnte und den steifen Rücken streckte. Er sah zu, wie Tina ihre Arme öffnete und ein pummeliges Mädchen in kurzem Blumenkleid an ihre Brust drückte. »Take care, Darling, take care«, wünschte sie ihm. »And now run, the bus will leave soon.« Das Mädchen löste sich aus der Umarmung, schleuderte einen ausgebeulten Rucksack auf seinen Rücken und stolperte dann mit dem schweren Gepäck und Flip-Flops an den Füßen über den Strand, an den mit Palmblättern gedeckten Hütten, dem Volleyballnetz und den bunten Handtüchern, die zum Trocknen an Wäscheleinen hingen, vorbei auf die Straße. Dort wartete mit angelassenem Motor und rotglühenden Lichtern der Bus, und bevor das Mädchen in seinem Inneren verschwand, hob es die Hand zu einem letzten Gruß. »There she goes«, murmelte Tina, griff nach einer grünen Toña-Flasche, machte einen Schluck und wandte sich mit den mahnenden Worten

»Nobody is supposed to leave without a hug« an Gerhard.

Tina war nicht mehr jung, das Leben hatte sich tief in die ledrige, sonnenverbrannte Haut eingegraben und Falten zerfurchten ihr Gesicht, in dem nur die Augen jugendlich blitzten. Sie war schmächtig, wirkte zerbrechlich, bewegte sich seltsam abgehackt, als fehlte ihr jegliches Gefühl für Koordination, und trug ein Tanktop mit dem Aufdruck *Rescue the Turtles* sowie Jeansshorts, aus denen ihre dünnen Beine wie Vogelstelzen hervorlugten. Das faszinierendste Merkmal ihres Äußeren war allerdings ihr linkes Auge, das ein dunkelviolett gefärbter Bluterguss umrahmte.

»Are you looking at my eye?«, fragte Tina, nachdem Gerhard seinen Blick von ihrem blauen Auge nicht losreißen konnte. »Verzeihung!« Er schob sich verlegen seine Brille auf der Nasenwurzel zurecht. »Don't worry«, winkte Tina ab. »I know it's pretty impressive. It was an accident though. I don't fight.« Gerhard fragte sich, ob er diesen Worten Glauben schenken sollte, und beschloss jedenfalls, seine Rechnungen sofort zu begleichen. »Ich wollte fragen, ob ein Bett im Schlafsaal frei ist«, wechselte er das Thema. »Let me check«, erwiderte Tina, schlug mit der einen Hand ein schwarzes Buch auf dem Tresen auf und steckte sich mit der anderen eine Zigarette zwischen ihre Lippen. »You are lucky«, sagte sie dann. »There is just one bed left. And this is going to be yours!«

Gerhard ging zum Schlafsaal, um dort sein Gepäck abzulegen. Er musste sich bücken, als er die langgestreckte und mit Palmblättern gedeckte Hütte betrat. Seine Augen brauchten ein paar Sekunden, um sich an das Halbdunkel zu gewöhnen. Der Schlafsaal war einfach eingerichtet. Über den sechs Stockbetten hingen pinke und löchrige Moskitonetze, an einer Wand standen selbstgezimmerte Holzregale, deren einzelne Fächer mit Spindschlössern versperrbar waren. Die Gepäckstücke der Gäste, Reiserucksäcke in allen Farben, Plastiktüten und leere Limonadenflaschen lagen über den Boden verstreut. In einem der Betten saß ein Junge mit außergewöhnlich dichtem Bartwuchs hinter seinem Moskitonetz und las *Naked Lunch*. Auf dem Boden hockte ein Mädchen mit Sommersprossen und roten Locken und wühlte verbissen in einem Berg aus Kleidungsstücken, Kosmetikartikeln und Campingausrüstung, während seine Freundin, braungebrannt, mit den breiten Schultern einer Schwimmerin, teilnahmslos danebenstand. Gerhard murmelte den jungen Leuten leise »Schönen Abend« zu, und nachdem sie nicht auf seine Worte reagierten, fragte er sich mal wieder, ob das vielleicht daran lag, dass er mit seinen fünfzig Jahren und den schon ergrauten Haaren viel älter aussah als die meisten anderen der Backpacker, die er in den Schlafsälen der günstigen Hostels Zentralamerikas angetroffen hatte. Er legte seinen Pyjama unter den Kopfpolster, verstaute den Pass, die Armbanduhr und seine Ersatzbrille in einem der Spindfächer und kramte dann aus dem Rucksack frische Kleidung, Handtuch und Seife hervor.

Während er nach draußen Richtung Duschen ging, hörte er noch, wie das sommersprossige Mädchen erleichtert »Hab ihn!« rief, und als er sich neugierig umdrehte, sah er, wie es triumphierend einen Moskitospray in die Höhe hielt.

Während seiner Reise durch Zentralamerika hatte sich Gerhard bis jetzt noch kein einziges Mal beklagt, wenn die Dusche aus einem Kübel und einer Tonne mit kaltem Wasser bestand, schließlich war er geizig und wählte immer die billigste Unterkunft, die er fand. Doch aller Bescheidenheit zum Trotz konnte er sein Glück kaum fassen, als er jetzt die Sanitäranlage betrat und darin eine Dusche vorfand, wie er sie von seinem Wiener Zuhause kannte. Als er den Hahn aufdrehte, schoss ein kräftiger Strahl warmes Wasser aus dem Duschkopf auf den Fliesenboden. Selig lächelnd, setzte Gerhard seine Brille ab, legte sie behutsam auf den Seifenspender aus Draht und stellte sich unter die Brause. Zum ersten Mal in den acht Wochen, in denen Gerhard sich schon auf seiner Reise befand, ließ er sich dabei Zeit, seinen Körper zu waschen. Liebevoll seifte er die unbehaarte Brust ein, streichelte seinen Bauch, der von der fettigen Reisekost noch ein wenig runder geworden war, und zählte seine Muttermale, die sich unter der unbarmherzigen Sonneneinstrahlung rund um den Äquator rasant vermehrt hatten. Und während Schmutz und Staub der langen Busreise in braunen Rinnsalen von seinem Körper und anschließend über die Fliesen in den Abguss liefen, pfiff er vergnügt Kurt Weills Melodie der *Moritat von Mackie Messer* vor sich hin.

Auch als er im Anschluss frische Kleidung angezogen hatte und mit bloßen Füßen über den mittlerweile ausgekühlten Sand zur Bar marschierte, summte es *Und der Haifisch, der hat Zähne* in seinem Kopf. Bei der Bar war viel los. Der Junge mit dem dichten Bartwuchs, das rotgelockte Mädchen und seine braungebrannte Freundin aus dem Schlafsaal hatten die Köpfe über ein Handy gebeugt und lauschten der Musik, die es von sich gab. Die anderen Gäste, allesamt Backpacker in mehr oder weniger zerschlissener Kleidung, mit sonnenverbrannter Haut und zahllosen Tattoos, hatten sich um den beleuchteten Tresen eingefunden oder saßen im Schein der tropfenden Kerzen trinkend, rauchend und schwatzend an einem der Tische zusammen. Über allem lag der schwache, aber unverkennbare Geruch von Marihuana.

Es war Tina, die sich mit einem blondgelockten Surferjungen in einem blassrosa T-Shirt unterhielt, sich dabei lässig an die Bar lehnte und rauchte. Sie hatte sich geschminkt und ihre Augen glitzerten im gedimmten Licht. Gerhard setzte sich in ihrer Nähe an die Bar. Immer wieder spähte er zu ihr hinüber. Die Nacht stand Tina gut. Mit der untergehenden Sonne war sie aufgeblüht, hatte ihr schwarzes Haar gelöst und wickelte sich eine Strähne um ihren Finger, während sie ein Gläschen Flor de Caña nach dem anderen leerte. Gerhard kam nicht umhin, sie zu bewundern. Er hatte den Eindruck, dass jeder Schluck Rum sie schöner machte.

Tina bemerkte Gerhards Blick und verzog die Lippen zu einem freundlichen Lächeln. »Want some?«, fragte sie und hielt den Joint hoch. »Ich weiß nicht.« Gerhard schob sich seine Brille auf der Nasenwurzel zurecht. »Hab schon lange nicht mehr probiert.« »Then try«, befahl Tina. »It won't hurt.« Mit spitzen Fingern nahm Gerhard den Joint entgegen und machte einen Zug. Der scharfe Rauch brannte in seiner Kehle und ließ ihn husten. »Honey, you are sweet«, lachte Tina. »Give it back to me, I'll take care of it.« Der Surferjunge grinste schief und Gerhard fühlte sich wieder einmal blamiert. »Früher habe ich auch geraucht«, sagte er. »We don't speak about the past in this house«, erklärte Tina. »It's the now that counts.«

Einige Stunden und eine undefinierbare Summe von Bierflaschen und Rumgläsern später hatte Gerhard mit dem blondgelockten Surfer auf Bruderschaft getrunken und eine Einladung in seine Heimatstadt Amsterdam bekommen. Er hatte dem Jungen mit dem dichten Bartwuchs auf den Rücken geklopft und mit einem Wink zum rotgelockten Mädchen »Da geht heut noch etwas!« prophezeit. Die meiste Zeit aber hatte er an der Bar gelehnt und Tina davon erzählt, dass er nicht wüsste, wie er sein Leben in Wien weniger langweilig gestalten sollte. Nach einem langweiligen Germanistikstudium hatte er einen langweiligen Job im Volkskundemuseum gefunden, den er trotz aller Fadesse nie gewechselt hatte. Zehn Jahre lang hatte er eine langweilige Beziehung mit Doris geführt, die ebenfalls in einem Museum arbeitete, allerdings in einem für zeitgenössische Kunst. Dann hatte sich Doris von ihm getrennt und Gerhard kratzte all seine Ersparnisse zusammen, beantragte eine Bildungskarenz im Museum und buchte einen Flug nach Nicaragua.

Tina hatte Gerhard gelauscht, eine Zigarette nach der andren geraucht und dann aus ihrem eigenen Leben erzählt. Vom Kleinstadtdasein in Alabama, dort hatte sie ihre Jugend verbracht, von New Orleans, wo sie ein Studium der Politik begonnen und dann abgebrochen hatte, um nach San Francisco zu ziehen und Politik zu erleben. Von der Gemeinschaft in einer Kommune, von ihren Freunden, die im Vietnamkrieg gefallen waren, von ihrer Entscheidung, nach Europa zu gehen. Ein Jahr in Amsterdam, ein weiteres in Belgien und dann auf Reisen in Afrika, denn sie hatte den europäischen Winter satt. Von ihrem Boyfriend, mit dem sie schließlich in Zentralamerika gelandet war, mit dem vagen Ziel vor Augen, etwas Dauerhaftes erschaffen zu wollen. Ihr Boyfriend verließ sie auf halber Strecke, sie blieb. »And now we're here and drunk«, schloss sie die Erzählung ab.

»Gott sei Dank«, rief Gerhard euphorisch. »Wenn ich mir deine Lebensgeschichte anhöre, denke ich mir fast, ich habe etwas falsch gemacht. So viel verpasst! Aber weißt du, ich glaube, ich hatte einfach Pech. Ich habe mich für ein langweiliges Studium entschieden, dummerweise einen langweiligen Job gefunden und mich in eine langweilige Frau verliebt. Wie hätte sich da mein Leben abenteuerlich gestalten sollen – mich trifft keine Schuld! Was bin ich froh, dass Doris Schluss gemacht hat. Dass es nichts mehr gibt, was mich festhält in Wien, dieser langweiligen Stadt. Jetzt kann ich endlich Abenteuer erleben. Jetzt habe ich vielleicht einen Platz gefunden, wo es mir gefällt. Es ist wunderschön bei dir. Ein kleines Paradies.« Er beendete seinen Satz mit einem schüchternen, beinahe kindlichen Lächeln. »I'm used to the fact that all the people who arrive in my house will leave one day.« In Tinas Augen lag ein Anflug von Wehmut »But you can stay as long as you like.« »Ich werde lange bleiben«, sagte Gerhard strahlend. »Vielleicht für immer.«

Am nächsten Morgen stand Gerhard vor allen anderen auf, zog sich eine Hose über und stolperte noch betrunken an den Hütten und der Bar vorbei zum Meer. Es herrschte Ebbe, das Wasser hatte sich zurückgezogen und perlmuttfarbene Muscheln im feuchten Sand hinterlassen. Kilometerlang erstreckte sich der einsame Strand. Kein Mensch war weit und breit zu sehen. Nur eine Reihe großer Pelikane zog schwerfällig über die See, Möwen ritten auf den Wellenkämmen und winzige Wattvögel trippelten auf ihren dünnen Stelzenbeinen durch die weiße Gischt. »Das Paradies«, ging es Gerhard durch den Kopf. Er machte einen Spaziergang, watete durchs seichte Meer und kehrte erst zurück, als die Sonne höher stieg, ihre Strahlen auf seinen Schultern brannten und seine morgendliche Euphorie Kopfschmerzen und einem flauen Magen gewichen war. Gerhard nahm sich trotz seines körperlichen Unwohlseins vor, den gestrigen Abend nicht zu bereuen, ging zur Küche, bestellte sich einen frischgepressten Orangensaft und nahm ein starkes Schmerzmittel aus seiner Reiseapotheke ein. Aus dem Bücherregal bei der Bar schnappte er sich ein zerfleddertes Taschenbuch, das den klingenden Titel *The Killer Virus* trug, verschanzte sich in einer Hängematte und pflegte seinen Kater.

Gerhard wartete die heißesten Stunden des Tages, wenn um die Mittagszeit die Hitze jedes Lebewesen auf dem Strand lähmte und selbst das Atmen eine ungeheure Kraftanstrengung darstellte, im Liegen ab und regte sich erst, als am späten Nachmittag ein wenig Wind aufkam und die Luft abkühlte. Er hatte noch immer nichts gegessen und sein Magen knurrte. Schwerfällig erhob er sich aus seiner Hängematte, ging zur Küche und bestellte sich ein vegetarisches Curry. Gerhard saß gerade am Tisch und wartete auf sein Essen, als die Tür in der Hütte neben der Küche aufging und Tina über die Schwelle stolperte. Sie hatte die Kleidung seit gestern Abend nicht gewechselt und verschmierte Schminke klebte ihr im Gesicht. Für einen Moment stand sie da und schwankte, kniff die Augen zu schmalen Schlitzen und hob schließlich ihre Hand, um in Richtung Gerhard zu winken. »Buenos dias«, krächzte sie mit ihrem amerikanischen Akzent, verschwand in der Küche und kam mit einem Teller, auf dem ein paar verbrannte Kartoffelspalten lagen, und einer dampfenden Tasse Kaffee in den Händen zurück. Sie stellte alles auf den Tisch und ließ sich ächzend auf die Sitzbank nieder. »Nah, I always tried to explain my kitchen ladies what home fries would look like and they still don't manage to do it the right way«, murrte sie, nahm den Salzstreuer, verteilte auf jeder Kartoffelspalte eine zentimeterdicke Schicht Salz und ergänzte dann: »The only reason why something like food exists is to put salt on it – isn't it?« Gerhard stellte es bei der Vorstellung, eine von Tinas versalzenen Kartoffelspalten zu essen, die Haare auf. Zum Glück kam in diesem Moment sein Curry, heißhungrig langte er zu und verbrannte sich just seine Zunge.

»Does my eye look any better today?«, fragte Tina. Gerhard legte den Löffel auf dem Tellerrand ab und rückte seine

Brille zurecht. »Ein bisschen«, log er dann. Wenn sich die dunkelvioletten Flecken um Tinas linkes Auge an manchen Stellen jetzt auch grünlich färbten, so hatten sie doch nicht an Intensität verloren. »Shit«, seufzte Tina und kaute mit offenem Mund. »I don't know what happened. You know, I think I just hit my head, two nights ago. And then my eye turned blue. That's fucking strange, isn't it?« »Das hätte mir gestern Abend auch passieren können. So betrunken, wie ich war«, grinste Gerhard. Tina lachte und verschluckte sich dabei fast an einer Kartoffelspalte. »But you seem to be in a pretty good shape today!« »Ich freu mich schon auf mein erstes Bier!«, sagte Gerhard. »The bar will be opened right now.« Tina streckte die Zunge raus und schob den Teller mit den Kartoffelspalten angewidert von sich.

Sobald Tina hinter dem Tresen auftauchte, war die Bar voll mit jungen Leuten, die bis dahin auf dem Strand gelegen, sich in den eiskalten Fluten des Pazifiks erfrischt, Karten gespielt oder geknutscht hatten, um sich die Zeit zu vertreiben. Die Mädchen verschwanden in ihren Bikinis und kehrten in kurzen Kleidern aus dem Schlafsaal zurück, Joints wurden rumgereicht, ein Junge packte seine Gitarre aus. »Oh Lord, won't you buy me a night on the town«, imitierte er lauthals Janis Joplin. Und als Gerhard mit einem Glas Gin Tonic auf den Strand ging, um die rotglühende Sonne im ultramarinblauen Meer versinken zu sehen, war es ihm, als würde gleichsam das Volkskundemuseum im achten Wiener Gemeindebezirk, die Erinnerung an Doris' Gesicht und sein altes Leben in Wien in den Tiefen des Pazifiks untergehen. Gerhard schloss seine Augen und dachte: »Hier gehe ich nicht mehr weg.«

Die Tage vergingen in ihrer immer gleichen harmonischen Ordnung, die sich am Stand der Sonne orientierte und das Leben am Strand prägte. Morgenfrische, Mittagshitze, Abendbrise. Meeresrauschen, Möwenschreien, Marley singt: »Sun is shining, the weather is sweet.« Und irgendwann wurden aus den Tagen Wochen, und eine gewisse Routine begann sich, in Gerhards Paradies einzuschleichen. Sein Leben in Wien lag so weit weg. Auf einem fernen Kontinent, wo es Nacht wurde, wenn in Zentralamerika gerade der Tag anbrach, und obwohl hier alles anders als zu Hause schien, ertappte er sich dabei, immer das Gleiche zu tun. Es gab Momente, da übermannte Gerhard das Gefühl von Langeweile. Und wenn er es auch nicht zugeben wollte – das machte ihm ein wenig Angst. Gerhard war immer mehr zum festen Bestandteil der Rancho geworden. Morgens half er, Kaffee auszuschenken, kochte Omelette und Spiegelei. Tagsüber verbrachte er die heißen Stunden in einer Hängematte und las sich durch Tinas Bibliothek, die aus zurückgelassener Reiselektüre ihrer Gäste bestand. Abends saß er an der Bar, trank und unterhielt sich mit den Gästen. Half Tina, die Rechnungen zu kalkulieren und reichte ihr den Arm, um sie ins Bett zu bringen, wenn sie nur wackelig auf ihren eigenen Beinen stand. Tinas violettes Auge färbte sich irgendwann grün und danach braun und irgendwann war von ihrem Unfall nichts mehr zu sehen. Alte Gäste gingen und neue kamen. Allesamt waren es junge Leute – gepierct, tätowiert, in weiten Hippiehosen –, die sich entweder in das Display ihres Smartphones vertieften oder jede Nacht mit einem anderen ihrer Sippe vögelten. Sie alle verschmolzen in Gerhards Vorstellung zu einer bunt angezogenen, aber charakterlich farblosen Masse. Niemand blieb ihm in Erinnerung.

Gerhard hatte es sich angewöhnt, während des Sonnenuntergangs duschen zu gehen. Dann wanderten die jungen

Leute entweder händchenhaltend über den Strand oder – wenn sie sich keinen Geschlechtspartner gefunden hatten – spielten Volleyball und Frisbee zum Zeitvertreib, und er hatte die Duschen ganz für sich. Jeden Tag ging Gerhard auf exakt die gleiche Art und Weise vor. In Flip-Flops, nur mit dem Handtuch bekleidet, betrat er die mittlere der drei Duschkabinen, legte seine Brille behutsam auf den Seifenspender, nahm das Handtuch ab und hängte es über den Haken, schloss die Augen und tastete mit einem erwartungsvollen Lächeln auf den Lippen blindlings nach dem Wasserhahn. Er nahm sich Zeit für den ersten Duschgang, der eher der Erfrischung nach dem heißen Tag als einer Säuberung diente, dann trat er aus dem Strahl heraus und griff nach der Seife. Großzügig verteilte er den Schaum über seinen Körper und lauschte währenddessen dem Pritscheln des Wassers, das auf die Fliesen spritzte, sich in einer Senke des Bodens sammelte und dann in den Abfluss lief. Der zweite Duschgang fiel gründlicher und wärmer aus, Gerhard schrubbte und rubbelte fest über den Körper, sodass kein Tröpfchen Schweiß, kein Körnchen Sand mehr die Poren seiner Haut verstopfte, und zum Schluss ließ er das Wasser einfach über Kopf und Schultern laufen und dabei seine Seele baumeln. Gerhard zelebrierte sein Duschereignis, das allabendliche Hygieneritual, wie ein Fest. Er hatte es zu seiner Lieblingsbeschäftigung hier auf der Rancho erkoren.

Und eines frühen Abends, als die Sonne schon sehr tief gesunken war und der Himmel in den kitschigsten Farbtönen erglühte, war es wieder so weit, da machte sich Gerhard auf zu den Duschen.

Er zog die Kabinentür hinter sich zu, schlüpfte aus seinen Sandalen, hängte sein Handtuch an einen Haken und legte seine Brille auf dem Seifenspender ab. Dann schloss er die Augen, tastete nach dem runden Griff des Wasserhahns und drehte auf. Gerhard wartete. Blinzelte. Machte zuerst das rechte, dann das linke Auge auf. Heute kam kein einziger Wassertropfen aus dem Duschkopf heraus, sein Körper blieb staubtrocken. Gerhard fasste sich an die Nase, um seine Brille zurechtzuschieben, wo keine war. Er hatte Herzklopfen bekommen. Ein flaues Gefühl im Magen. Wo war das Wasser geblieben? Was war geschehen? Er tastete nach der Brille, doch in seiner Nervosität stieß er mit dem Ellenbogen gegen den Seifenspender und die Brille fiel mit klirrendem Geräusch zu Boden. Gerhard bückte sich, das Schlimmste erahnend. Die Zylindergläser seiner teuren Brille, die sowohl seine Hornhautverkrümmung als auch sechs Dioptrien auf dem linken und acht auf dem rechten Auge ausglichen, lagen zersplittert auf den Fliesen.

Zum Glück hatte Gerhard eine Ersatzbrille dabei. Mit zittrigen Fingern sperrte er den Spindkasten auf und nahm diese aus einem Lederetui heraus. Nur mit seinem Handtuch bekleidet, lief er im Anschluss zur Bar. Die Sonne war mittlerweile untergegangen und die jungen Leute hatten sich in der Bar eingefunden, um der Sandmückenplage zu entgehen. Tina saß rauchend auf einem Barhocker, sie trug ein Minikleid mit Leopardenmuster und unterhielt sich mit einem sehr blassen, dicken Mädchen aus den USA. »In eight years, I haven't climbed one single vulcano – and I'm fucking proud of it«, rief sie mit Inbrunst und stieß ihren Zeigefinger wie ein Schwert in die Luft. Dann fiel ihr Blick auf Gerhards schmerzverzerrtes Gesicht. »What's going on?«, fragte sie besorgt. »Ich wollte duschen«, keuchte er außer Atem. »Aber es kam kein Wasser heraus. Meine Brille ist zu Boden gefallen und auf den Fliesen zerbrochen.« »But the glasses you are wearing look pretty fine«, sagte Tina verwundert. »Das sind meine Ersatzgläser.« Gerhard schüttelte ungeduldig den Kopf. »Aber wenn denen auch etwas passiert, was dann?« »My gosh, I don't know«, sagte Tina irritiert. »I just don't see my part in this…« »Die Duschen funktionieren nicht!«, rief Gerhard so laut, dass die Gespräche in der Bar verstummten und sich alle Blicke auf ihn richteten. Ein nervöses Lächeln huschte über Tinas Gesicht. »Don't worry, guys. I'm going to take care of this. I promise – showers will be fixed soon!«

Tina konnte ihr Versprechen nicht halten. Aus unerklärlichen Gründen funktionierten die Duschen weder einen noch zwei Tage später. Die ersten Gäste reisten ab, weil das eingetrocknete Meersalz auf der Haut juckte und ihre fettigen Haare nach einer gründlichen Wäsche verlangten. Sie zogen wie ein Rattenschwanz mehr Gäste nach, sodass sich der Schlafsaal leerte. »It's the pump, it's the fucking water pump«, heulte Tina, nachdem sie zum x-ten Mal den Wasserhahn auf- und wieder zugedreht und erfolglos nach einem Installateur telefoniert hatte. »It was my boyfriend who installed it. He always wanted to explain me how it works but I would never pay attention. I just wouldn't listen.« An diesem Tag war Tina noch vor Einbruch der Dämmerung sturzbetrunken. Sie hielt endlose Reden über die Rücksichtslosigkeit ihres Boyfriends, weil er sie am gottverdammten Ende der Welt alleingelassen hatte. Den letzten Backpackern, die ungeduscht durchgehalten hatten, schlug ihre schwere Stimmung auf den Magen, und alle gingen früh schlafen. Gerhard räumte die Bar auf und brachte Tina zu ihrer Hütte, weil sie alleine nicht mehr laufen konnte. Er half ihr, sich auszukleiden, hob sie aufs Bett und deckte sie mit einem dünnen Laken zu. Tina hatte sich angemacht, und Gerhard nahm ihre nasse Hose mit und legte sie zur Schmutzwäsche.

Noch am selben Abend packte Gerhard seine Sachen. Mechanisch legte er seine Kleidungsstücke zusammen, verstaute Mückenschutz, Sonnencreme und Zahnpasta und band zu guter Letzt seine Turnschuhe an den Rucksack. Am nächsten Tag stand er im Morgengrauen auf und nahm seine Taschenlampe zu Hilfe, um im dunklen Schlafsaal sein Gepäck zu finden. Er leuchtete noch einmal sein Bett ab und entdeckte, dass er sein Handtuch auf dem Bettpfosten vergessen hatte. Gerhard packte es ein, schulterte seine Tasche, trat durch die Tür ins Freie und ging zur Straße, um dort auf den Bus zu warten. Kurz nach sechs Uhr bog der Bus, der hinter sich eine riesige Staubwolke aufwirbelte, um die Ecke. Gerhard hob die Hand, deutete dem Fahrer anzuhalten und stieg ein, ohne sich noch einmal umzudrehen und seinem Paradies auf Wiedersehen zu sagen.

DIE MALERIN

EPILOG

Der Fahrtwind riss an seinen Haaren und dröhnte in seinen Ohren. Die Lichtkegel der Autobahnscheinwerfer durchschnitten die sternenklare Nacht. Mit offenem Verdeck und durchgedrücktem Gaspedal raste der Mitsubishi-Jeep an den letzten Häusern von Reñaca vorbei und während die scharfen Klippen sanften Hügelkuppen wichen und den Blick auf den pechfarbenen Pazifik freiließen, fielen die Blutstropfen von seiner Unterlippe auf seine Hose.

Juana hatte sich vorgebeugt, der Wind wirbelte ihr langes Haar torpedoartig in die Höhe, und sie hielt das Lenkrad so verkrampft, dass sich die Fingerknöchel ihrer Hand spitz durch die wächserne Haut bohrten. »Scheiße, scheiße«, flüsterte sie, und ihre Stimme klang rau. »Ich kann nicht glauben, was gerade passiert ist.«

Erst jetzt bemerkte Karl die Blutstropfen, die den Stoff seiner Jeans beschmutzten, und fluchend fasste er sich an seine verletzte Lippe. »Deine Freundin hat mich blutig geschlagen«, stellte er mit Entsetzen fest. Juana stöhnte: »Tut es denn sehr weh?« Sie wandte ihm ihr Gesicht zu, in dem sich ihr schlechtes Gewissen spiegelte. »Geht schon«, log Karl. »Es tut mir so leid!« Juana schaute wieder nach vorne auf die Straße. »Ich hätte niemals gedacht, dass Vania so ausrasten könnte. Natürlich, ich habe gewusst, dass sie Aggressionsprobleme hat und ab und zu deswegen Tabletten nimmt, aber ich habe geglaubt, sie hätte das mittlerweile unter Kontrolle.« »Da hast du dich wohl geirrt.« »Es tut mir so leid«, wiederholte Juana zerknirscht.

Karl runzelte die Stirn. Er fühlte sich gedemütigt. Das erste Mal in seinem Leben sah er sich in eine Schlägerei verwickelt und wurde dann nach Strich und Faden von einer Frau, die nicht mal 50 Kilo auf die Waage brachte, verprügelt.

»Du hättest mir sagen müssen, dass Vania verliebt in dich ist«, sagte er vorwurfsvoll. »Aber wir haben doch vor ein paar Wochen Schluss gemacht«, rief Juana, »und uns einvernehmlich getrennt!« »Offensichtlich hegt sie noch immer Gefühle für dich«, murmelte Karl grimmig. »Ja, da hast du recht.« Juanas Stimme klang traurig.

Schweigend fuhren sie weiter. Die Autobahn machte eine Kurve und vor ihnen tauchte die Bucht von Valparaíso auf. Die Umrisse der Stadt zogen sich von der Küste bis zu den steil aufragenden Hügeln im Hinterland und das Lichtermeer ihres verschlungenen Straßennetzes breitete sich wie leuchtende Fäden eines überdimensionalen Myzels vor den Augen des Betrachters aus.

»Seh ich schlimm aus?«, fragte Karl besorgt. Juana zog die rechte Augenbraue hoch und betrachtete mit prüfendem Blick sein Gesicht. »Deine Lippe ist nur ein bisschen aufgerissen«, stellte sie dann fest. »Aber dein linkes Auge hat was abgekriegt. Ich glaube, das wird bis morgen blau.« Karl stöhnte: »Warum muss das ausgerechnet mir passieren.« »Versuch, es positiv zu sehen«, schlug Juana vor. »Jetzt hast du zu Hause eine Geschichte zu erzählen.« »Dass ich schachmatt gesetzt wurde, vom ersten Schlag deiner Ex-Geliebten?« Juana lachte. »Ich finde, du hast Heldenmut bewiesen.« Sie zwinkerte ihm zu. »Machst du uns Musik?«, fragte sie dann. »Im Handschuhfach kugeln ein paar CDs herum.« Karl öffnete das Handschuhfach und wühlte sich durch das Chaos aus buntem Schokolade-Zellophan, leeren Zigarettenpackungen, zusammengeknüllten Parkzetteln, Kugelschreibern und Plastiktüten. Schließlich fand er, im Krimskrams versteckt, auch ein paar selbstgebrannte, unbeschriftete CDs und schob die erstbeste in das Diskettenfach des Radios.

»I can't believe life's so complex. When I just wanna sit here and watch you undress«, rotzte PJ Harvey zu den Klängen ihrer E-Gitarre ins Mikrofon. Die Lichter des Bahnhofs tauchten auf – und die roten Schilder einer Claro-Reklame. Juana drosselte die Geschwindigkeit und sie umrundeten den Kreisverkehr vor den Toren der Stadt. Valparaíso, eine laue Sommernacht, salzige Meeresluft, Musik auf der Straße. »Hast du Lust, mit mir durch die Nacht zu ziehen, Karlito?«, fragte Juana. »Warten dort draußen, in den Bars von Valparaíso, noch mehr deiner Schlägerbräute auf mich?«, fragte Karl. »This is love. This is love that I'm feeling«, schrie PJ Harvey. »Nein.« Juana lachte laut. »Mehr von denen gibt es nicht.« »Dann bin ich dabei«, sagte Karl und sank zurück in den Autositz.

1
EINE WOCHE DAVOR

La Sebastiana, das ehemalige Wohnhaus von Pablo Neruda, lag auf dem Gipfel des Cerro Bellavista. Das Heim des mittlerweile verstorbenen chilenischen Nobelpreisträgers und Nationaldichters war zu einem Museum umfunktioniert worden und, laut Karls Reisführer, eine der Sehenswürdigkeiten in Valparaíso, die sich niemand entgehen lassen sollte. Er hatte beschlossen, den steilen Hügel, der sich am Südende der Stadt erhob, zu Fuß zu erklimmen, anstatt den Bus zu nehmen, und kam auf den unzähligen Stufen, die sich in Schlangenlinien höher und höher den Berghang entlang wanden, ganz schön ins Keuchen. Die Mittagshitze brannte auf seinen Kopf, die Straßen waren wie ausgestorben. Der dunkelblaue Rippstoff seines Shirts hatte sich mit Schweiß vollgesogen. Karl wusste, dass er stank, und ekelte sich vor sich selbst.

Zwei riesige silbern glänzende Touristenbusse parkten am Straßenrand der Calle Ricardo de Ferrari. Der Fahrer hatte den Motor angelassen, damit die Klimaanlage weiter kühlte. Die Reisenden, eine Gruppe von US-Amerikanern mit Südstaatenakzent und feucht glänzenden Gesichtern, unterhielten sich lautstark und Kaugummi knautschend vor dem Eingang von La Sebastiana. Karl kaufte sich ein Ticket am Schalter und schlenderte, mit den Erklärungen der deutschen Sprecherin seines Audioguides in den Ohren, eine gute Stunde über abgetretenes Parkett und krumme Wendeltreppen von einem Stockwerk ins nächste. Er fragte sich, was an dem Kuriositätenkabinett aus bronzenen Gallionsfiguren, bunten Glaskrügen, antiken Möbelstücken und edlen Porzellanbüsten, die der Dichter im Laufe seines langen und exzentrischen Lebens um sich versammelt hatte, denn so besonders war, dass sein Reiseführer dessen Besichtigung so lebhaft empfahl.

Karls Kehle war trocken vor Durst, als er das Museum verließ. Gleich nebenan warb eine Galerie mit Kaffee und Kuchen, und über zwei Eingangsstufen kam er in einen lichtdurchfluteten Schauraum, an dessen Wänden sich Ölmalereien, Bleistiftskizzen und Kreidezeichnungen, die allesamt Valparaíso, seine windschiefen Häuser, die gewundenen Straßen, das blaue Meer und den geschäftigen

Hafen darstellten, zum Verkauf anboten. Die alten Holzdielen knarrten, während Karl den Raum durchschritt und durch die geöffnete Terrassentür den Balkon betrat. Im Schatten der Zweige eines grün leuchtenden Feigenbaumes luden ein wenig verwitterte weiße Messingtische und Stühle zum Verweilen ein. Erledigt ließ sich Karl auf einen der Sessel sinken. Er war der einzige Gast und saß eine Viertelstunde da, bis die Kellnerin kam und seine Bestellung, Kaffee und Limonade, aufnahm. Dann ging er auf die Toilette und kühlte mit Wasser sein verschwitztes und gerötetes Gesicht.

Als er zurückkam, saß die Kellnerin an einem der Nebentische und unterhielt sich mit einem jungen Mann. An seiner karierten Hose und dem weißen fleckigen T-Shirt erkannte Karl den Koch. Die beiden hörten auf zu reden, als er sich wieder setzte. Vom Meer wehte eine salzige Brise über die Stadt und für ein paar Augenblicke war nur das Säuseln der Feigenblätter, die im Windstoß erbebten, auf der Terrasse zu hören. Dann setzten Kellnerin und Koch ihr Gespräch in gedämpfter Lautstärke fort. Während Karl abwechselnd an Kaffee und Limonade nippte, beobachtete er die beiden. Die Kellnerin strahlte Sexappeal aus. Sie hatte ihre dunkle Haarpracht mit einem roten Band gebändigt, die Nasenscheidewand mit einem silbernen Ring durchstochen und die Beine ihrer kurzen Jeanslatzhose auf Hotpantslänge hochgekrempelt. Zwischen ihren knallrot geschminkten Lippen steckte eine Zigarette. Der Koch wirkte, als bekäme er nicht sehr oft die starke chilenische Sonne zu Gesicht. Seine blasse, teigige Haut sah ungesund aus, die gedrungene, schwerfällige Gestalt verriet, dass er sich nicht sehr gerne bewegte. Karl schätzte, dass die beiden etwa Mitte zwanzig waren, so alt wie er selbst.

Als hätte sie bemerkt, dass sie vom Nebentisch aus beobachtet wurde, wandte sich die Kellnerin mit einem Mal zu Karl. »Du siehst einsam aus«, stellte sie fest. »Magst du dich zu uns setzen?« Karl fühlte sich ertappt. »Gerne«, sagte er verlegen. Sie stand auf und half ihm, seine Getränke zu transportieren. Dann nahm Karl an ihrem Tisch Platz und strich sich mit einer schüchternen Geste die dünnen Haarsträhnen aus dem Gesicht, die seinem Pferdeschwanz entwichen waren. »Ich bin übrigens Vania«, sagte die Kellnerin. »Karl.« »Pablo«, sagte der Koch. »Woher kommst du?«, fragte Vania. »Dein Spanisch ist gut.« Karl winkte ab. »Aus Österreich«, sagte er. »Wien ist sicher eine schöne Stadt«, sagte Pablo anerkennend. »Ja«, sagte Karl nicht ohne Stolz. »Da wohne ich.« Er trank in einem Zug die letzten Reste seiner zuckersüßen Limonade aus. »Aber in Valparaíso«, sagte er dann, »würde es mir auch sehr gut gefallen. Seid ihr von hier?« »Ich wohne in Reñaca«, antwortete Vania. »Das ist nicht weit. Mit dem Auto eine halbe Stunde.« »Und ich wohne momentan bei ihr«, sagte Pablo und grinste. »Er ist mein Cousin«, erklärte Vania. »Ich bin gerade pleite«, fügte Pablo hinzu. »Immer«, verbesserte Vania. »Eigentlich bist du immer pleite.« Pablo zuckte mit den Schultern. »Wer sein Herz am rechten Fleck trägt, der bleibt mausearm«, sagte er. Vania verdrehte die Augen. »Wer nicht arbeitet, braucht sich nicht zu wundern, dass er irgendwann das Dach über seinem Kopf verliert«, erwiderte sie schnippisch. Karls Blick wanderte zwischen den beiden hin und her. »Ich habe auch nicht viel Geld«, sagte er dann, beinahe entschuldigend. »Chile ist viel teurer als erwartet.« »In Österreich fühlt es sich aber bestimmt anders an, wenig Geld zu haben, als hier bei uns«, sagte Pablo. »Wahrscheinlich«, gab ihm Karl recht. »In Chile läuft so viel schief«, sagte Pablo und hob die Stimme. »Unsere Politik ist weltweit einmalig schlecht. Weißt du, wofür wir alles Steuern zahlen? Bücher gelten als Luxuswaren und sind deswegen besonders teuer. Ich studiere Philosophie, ich muss ständig lesen. Kannst du dir vorstellen, was das bedeutet?« »Dass er wegen seiner Bücher die Familie um Obdach anflehen muss«, schnarrte Vania. »Ich habe mich auf antike Philosophen spezialisiert. Lerne gerade Altgriechisch. Ich brauche unbedingt Werke von Heraklit. Aber ich kann sie mir nicht leisten.« »Scheiße«, bekundete Karl sein Mitleid. »In Europa sind Bücher nicht so teuer, hab ich gehört«, sagte Pablo. »Weißt du, wie mir geholfen wäre? Wenn ich jemanden kennen würde, der mir ab und zu Bücher schickt …« »Pablo, untersteh dich«, herrschte ihn Vania an. »Lass unsre Gäste in Ruh'. Kein Wunder, dass du keine Arbeit findest, wenn du immer so lästig bist.« Sie wandte sich an Karl: »Möchtest du noch etwas trinken? Ich halte meinen Cousin jedenfalls nicht länger aus – ohne ein Bier.« »Bei einem Bier bin ich dabei«, sagte Karl. »Nimm mir eines mit«, rief ihr Pablo hinterher, als sie aufstand und in die Küche ging.

Vania kehrte mit drei dunklen Flaschen zurück, auf denen das grüne Emblem der *Cristal Brauerei* klebte. Sie stellte das kühle Bier auf den Tisch und zündete sich eine neue Zigarette an. »Es gefällt dir also hier in Valparaíso.« Sie blies den Rauch ihrer Zigarette in den Himmel, über den gerade eine lange Reihe weißer Möwen zog. »Ja.« Karl machte einen Schluck vom Bier. »Die Stadt hat einen ganz besonderen Flair. Ich mag den lärmenden Hafen, die Straßenmalereien auf den Häuserfassaden und das Labyrinth aus den verwinkelten Gassen, auch wenn ich mich ständig darin verlaufe.« »Den meisten Touristen geht es wie dir«, nickte Vania. »Viele bleiben länger als geplant oder kehren ein zweites Mal zurück.« »Wie lange bist du in der Stadt?«, fragte Pablo. »Ich weiß es noch nicht«, antwortete Karl. »Vielleicht noch zwei, drei Nächte. Insgesamt habe ich einen Monat Zeit für Chile. Ich habe mich noch nicht entschieden, ob ich nach Valparaíso Richtung Süden oder Norden fahren werde.« »Nach Norden«, sagte Vania bestimmt. »Die Atacama-Wüste ist magisch.« »Besser in den Süden«, sagte Pablo. »Der Süden ist günstiger. Ich würde mir Chiloé anschauen.« »Lieber nicht«, widersprach Vania. »Da regnet es die ganze Zeit.« »Es gibt viel zu sehen in Chile«, stellte Karl fest. »Wenn du die Natur magst, bist du hier richtig«, stimmte Pablo ihm zu. »Aber es ist furchtbar teuer, hier zu reisen. Zumindest für uns Chilenen. Die Amis und ihr Europäer tun sich da schon leichter.« »Bist du Student?«, fragte Vania. »Nein«, sagte Karl. »Ich habe mein Soziologiestudium abgebrochen, um zu schreiben, und bin Journalist geworden. Jetzt versuche ich, von diesem Job zu leben.« »Für das Schreiben hab ich mich auch interessiert«, erzählte Vania lebhaft. »Aber dann ist es die Malerei geworden.« »Du bist Malerin?«, zeigte sich Karl interessiert. »Ja«, antwortete Vania. »Das Kellnern mach ich nur fürs Geld.« »Sind die Bilder in der Galerie von dir?«, fragte Karl. »Nein«, sagte Vania in abschätzigem Ton. »Die sind von Juana, unserer Chefin. Und die malt das nur, weil die Touris nichts anderes kaufen. Ich mag zeitgenössische Kunst, ich male abstrakt.« »Sie hält sich für was Besseres deswegen«, mischte sich Pablo von der Seite ein. »Halt die Klappe«, schnappte Vania. »In dieser Stadt«, erklärte Pablo, »möchte jeder ein Künstler oder eine Künstlerin sein. Jeder, den du auf der Straße triffst, glaubt von sich, er hätte Talent, wäre ein begnadetes, noch unentdecktes Genie. Die Bewohner von Valparaíso sind Dichter, Maler, Tänzer oder Lebenskünstler. Und alle enden sie als Kellner und Kellnerinnen in den Bars und Galerien und bedienen die Touristen, um sich ihre Brötchen zu verdienen.« »Irgendwann«, sagt Vania. »Irgendwann werd ich nicht mehr kellnern müssen.« »Das glaubst du doch selber nicht«, sagte Pablo sanft. »Das glaub ich sehr wohl«, widersprach Vania bestimmt. »Du musst nach den Sternen greifen, wenn du Erfolg haben willst.« »Das wäre mir zu anstrengend.« Pablo zuckte mit den Schultern. »Pablo«, sagte Vania und zeigte mit ihrem Finger, von dem der schwarze Nagellack abgeblättert war, auf ihren Cousin. »Pablo möchte nämlich gar nichts vom Leben.« »Das ist so nicht wahr«, protestierte Pablo. »Ich möchte nur nicht das, was die meisten Menschen wollen.« »In erster Linie möchte er nicht arbeiten«, stellte Vania fest. »Er ist der faulste Mensch, den ich kenne. Und das heißt etwas in dieser Stadt.« »Ich möchte deswegen nicht arbeiten«, wandte sich Pablo an Karl, »weil ich Marxist bin. Meine politische Überzeugung würde es mir eigentlich verbieten, unsere neoliberale Regierung mit meiner Arbeitskraft zu unterstützen. Das weiß meine Cousine sehr gut, aber sie ignoriert es absichtlich.« Vania schnaubte verächtlich und trank ihre Flasche Cristal leer. »Aber jetzt arbeitest du als Koch«, stellte Karl fest. »Vania zwingt mich dazu.« Pablo hob seine Hände in einer machtlosen Geste. »Sie sagt, wenn ich nicht arbeite, schmeißt sie mich aus ihrem Haus.« »Du solltest dankbar sein, dass ich dir diesen Job besorgt habe«, sagte Vania beleidigt. »Vielleicht sollte ich das.« Pablo wiegte den Kopf. »Die Gäste sind es bestimmt nicht. Ich bin ein miserabler Koch.« Er zwinkerte Karl zu. »Ich hoffe, du hast heute schon gegessen.«

In diesem Moment löste sich aus dem Schatten der Galerie die langgezogene und hagere Gestalt einer Frau Mitte vierzig. Sie ging bloßfüßig, schwebte auf nackten Sohlen über die brüchigen Pflastersteine, in deren Ritzen das Unkraut wucherte, und ein weiter violetter Rock umwehte ihre braungebrannten Beine. Dichte schwarze Locken, durch die sich silberne Strähnen zogen, fielen ihr in die Stirn, die hohen Wangenknochen und der aufmerksame Blick ihrer mahagonifarbenen Augen verliehen ihr das Aussehen einer mutigen Mapuche-Kriegerin aus einer längst vergangenen Epoche.

»Juana.« Vania wirkte mit einem Mal nervös. »Ich habe gar nicht gewusst, dass du da bist.« »Ich war unten im Atelier und habe gemalt«, erwiderte Juana und musterte Karl. Ihr forscher Blick ließ ihn unwillkürlich seine Lider niederschlagen. »Das ist Karl«, sagte Vania. »Unser neuer Freund aus Österreich«, ergänzte Pablo. »Schön, dich kennenzulernen, Karl«, sagte Juana mit sanfter Stimme. »Ich nehme an, du hast dir La Sebastiana angesehen?« »Ja«, sagte Karl schüchtern. »Hat es dir gefallen?« Karl nickte, obwohl es nicht der Wahrheit entsprach. In Anwesenheit der Galeriebesitzerin kam er sich mit einem Mal wie ein kleiner Schulbub vor, dem es dank seiner Unsicherheit misslang, seine Gedanken in klaren Worten zu artikulieren. »Erstaunlich«, sagte Juana. »Mir ist es immer wieder aufs Neue ein Rätsel, was die Leute an dieser Gerümpelkammer so sehenswert finden.« Einen Moment lang starrte sie nachdenklich vor sich hin. »Natürlich bin ich froh darüber, dass sich die Touristen für Nerudas Leben interessieren«, ergänzte sie dann. »Sonst müsste ich die Galerie wohl zusperren.«

»Möchtest du etwas trinken?«, fragte Vania ihre Chefin. »Ich kann dir einen Tee aufstellen.« Juana winkte ab. »Lass nur, ich hab noch einen unten stehen. Ich wollte nur mal eben aus meinem Loch kriechen und sehen, ob sich die Erde noch dreht.« Sie streckte und dehnte ihre schlanken, sehnigen Arme und wandte ihr Gesicht der Sonne zu, die mittlerweile Richtung Westen gewandert war und tief am Himmel stand. »Wenn ich male, vergesse ich alles um mich herum«, sagte Juana mit geschlossenen Augen. »Der Tag verstreicht, ohne dass ich es bemerke. Wenn ich abends auf den Balkon komme, in der Hoffnung noch ein paar warme Strahlen zu erhaschen, dann ist die Sonne längst untergegangen und es herrscht schon wieder Dunkelheit. Das ist das Los der Künstler. Sie verfangen sich in ihren Werken und vergessen dabei, wie kurz das Leben ist.« Juana öffnete ihre Augen und zwinkerte Karl zu. »Was sagst du dazu?«, fragte sie.

»Ich finde es schön, wenn du von dir behaupten kannst, dass dich dein Beruf mit Leidenschaft erfüllt«, antwortete er nach kurzem Zögern. »Er ist ein Schreiber«, sagte Pablo. Juana zog die Augenbrauen hoch. »Ich liebe es, zu lesen!«, rief sie. »Hast du schon ein Buch veröffentlicht?« »Nein«, sagte Karl. »Ich bin Journalist. Ich schreibe Reportagen für Magazine.« »Das ist sicher ein furchtbar spannender Beruf«, sagte Juana ehrfürchtig. »Ja!« Juanas Aufmerksamkeit machte Karl stolz, doch er versuchte, sich das nicht anmerken zu lassen.

Vanias Blick wanderte unruhig zwischen Karl und Juana hin und her. »Oye, Juana«, sagte sie dann. »Ich hoffe, du hast nicht vergessen, dass morgen Abend bei mir eine Party steigt.« »Ach, genau!« Juana schlug sich mit der flachen Hand gegen die Stirn. »Natürlich hab ich darauf vergessen, du kennst mich ja. Mein Kopf ist ein Sieb, wenn es um Termine geht.« »Kommst du?«, fragte Vania, und ihre Stimme bekam dabei einen fast flehenden Ton. »Ich möchte«, sagte Juana. »Ich möchte auf jeden Fall. Es ist nur so, dass ich die Bilder fertig machen muss, die diese amerikanische Lady bei mir in Auftrag gegeben hat, und ich hinke mit der Arbeit hinterher. Aber wenn ich morgen was weiterkriege, dann spricht eigentlich nichts dagegen, sich am Abend für ein paar Stunden zu vergnügen.« Sie stellte sich hinter Pablo und legte ihre Hände auf seine breiten Schultern. »Voraussetzung dafür ist allerdings, dass diesmal nicht unser hochverehrter Koch für die Verköstigung der Gäste verantwortlich ist«, lachte sie. »Nichts für ungut, Pablo, aber ich kann deinen Fraß nicht mehr sehen.« Pablo zuckte mit den Schultern und grinste linkisch. »Kein Problem, das kann ich nur allzu gut verstehen.« »Du bist auch herzlich eingeladen«, sagte Vania zu Karl. »Vania wohnt wunderschön«, sagte Juana. »Lass dir diese Gelegenheit nicht entgehen.« Sie streckte sich noch einmal in die Länge und gähnte herzhaft. »Meine Lieben, die Arbeit erledigt sich nicht von selbst. Ich wünsch euch noch einen schönen Abend, wir sehen uns morgen.« Sie nickte ihnen noch einmal zu, schlenderte dann gemächlich über die Terrasse und wurde von der Dunkelheit der Galerie verschluckt. Gebannt schaute Karl ihrer Gestalt hinterher und löste sich erst aus seiner Erstarrung, als sich Vania erhob und die leeren Bierflaschen vom Tisch abräumte. »Wir arbeiten morgen bis sechs«, sagte sie. »Danach fahren wir los. Wenn du zur Galerie kommst, nehmen wir dich in meinem Auto mit.« »Das klingt super.« Karl strahlte. »Vielen Dank für die Einladung.« Vania zuckte unbekümmert mit den Schultern. »Ich freue mich immer, wenn ich neue Leute kennenlernen kann«, sagte sie. Karl verabschiedete sich von Cousine und Cousin und spazierte dann im Licht der untergehenden Sonne durch das gewundene Gassenlabyrinth von Valparaíso zu seinem Hostel zurück. Die Dächer der Häuser glänzten golden, die bunten Kleidungsstücke auf den Wäscheleinen vor den Fenstern schaukelten im Wind und Karl dachte an Juanas silbern gesträhnte Locken.

Simon Guerel

DER KAUZ

Kurzgeschichten

TEXT/RAHMEN

1. Auflage 2017

Copyright 2017, Verlag TEXT/RAHMEN e.U., Wien
Alle Rechte vorbehalten. Kein Teil des Werkes darf in irgendeiner Form
(durch Fotografie, Mikrofilm oder ein anderes Verfahren) ohne schriftliche
Genehmigung des Verlages reproduziert oder unter Verwendung elektronischer
Systeme verarbeitet, vervielfältigt oder verbreitet werden.

Illustrationen: Jason Horn, jansonseegelspiele.wordpress.com
Autorinnenporträt: Kurt Prinz, www.kurtprinz.at
Schriftgestaltung: TEXT/RAHMEN, www.polenimschaufenster.com
Lektorat: Philipp Preiczer
Umschlaggestaltung und Satz: Dominik Uhl
Druck und Bindung: Druckerei Finidr, Český Těšín (CZE)
ISBN 978-3-9504343-0-9

Simon Guerel
DER KAUZ
Kurzgeschichten

Für Hulle.

2

Karls Hostel lag auf dem Cerro Alegre, dem touristischen Zentrum von Valparaíso. Die Hostelbesitzerin Ingeborg war eine pummelige, spleenige Chilenin. Auf ihren Unterarm hatte sie in verschnörkelter Schrift einen berühmten Ausspruch von Pablo Neruda tätowiert. *Podrán cortar todas las flores, pero no podrán detener la primavera – Auch wenn sie alle Blumen abschneiden, lässt sich der Frühling nicht aufhalten.* Sie fegte gerade den Hof, als Karl am nächsten Tag gegen halb sechs Uhr abends seine Unterkunft verließ. »Hey, Karl«, rief sie ihm hinterher, während er gerade durchs Gartentor schritt. »Weißt du schon, wie lange du noch bleibst?« Karl blieb stehen und zögerte, schließlich wusste er das selbst noch nicht. »Übers Wochenende«, sagte er dann, »bleib ich bestimmt.« »Alles klar«, nickte Ingeborg und nahm ihre Arbeit wieder auf.

Karl spazierte zu Fuß zur Galerie. Er hatte sich heute schick gemacht, die Dusche in seinem Stockwerk für eine geschlagene halbe Stunde okkupiert und einen Zimmerkollegen, der deswegen erbost gegen die Badezimmertür gehämmert hatte, ignoriert. Seine Haare waren frisch gewaschen, die Wangen glatt rasiert, er hatte ein herb duftendes Deodorant aufgelegt und trug das einzige elegante Kleidungsstück aus seinem Reisegepäck, ein schwarzes kurzärmeliges Hemd.

Als Karl kurz vor sechs Uhr die Galerie betrat, warteten Pablo und Vania schon auf der Terrasse und begrüßten ihn mit einer festen Umarmung. »Geht's dir gut, mein Freund?«, fragte Pablo und klopfte ihm mit seinen Bärenpranken auf den Rücken, sodass Karl ins Schwanken kam. »Bereit für die Party?« »Natürlich«, antwortete Karl. »Dann können wir los«, rief Vania. »Wir sind hier schon fertig.« »Und Juana?«, fragte Karl, »kommt sie mit?« »Die malt«, antwortete Vania. »Vielleicht kommt sie später nach.« Karl versuchte, sich seine Enttäuschung nicht anmerken zu lassen, während sie die Galerie zusperrten und in Vanias Auto, einen verbeulten, rostzerfressenen VW Polo, der vor der Tür parkte, einstiegen. »Auch wenn sie nicht danach ausschaut«, sagte Pablo grinsend, »diese Kiste fährt tatsächlich noch.« Karl ließ sich auf die Rückbank sinken und Vania startete den Motor. Der Wagen stieß eine schwarze Rußwolke aus und fuhr dann spuckend und knatternd auf der steilen Straße an. »Dame calle mi tarima, mi tabaco, mi bebida, porque asi yo soy, asi yo soy« – spanischer Hip-Hop dröhnte aus den Boxen und Pablo wippte begeistert mit seinem Kopf mit. »Das sind Zaturno Espacial«, überbrüllte er die Musik. »Echter chilenischer Rap!« Sie hatten die Anhöhe des Hügels passiert und gewannen an Geschwindigkeit, doch gleich an der nächsten Ecke stieg Vania abrupt auf die Bremse und Karl knallte mit dem Gesicht gegen den Fahrersitz, während der Wagen mit quietschenden Reifen stehen blieb. »Sorry«, rief Vania, »hast du dir wehgetan.« »Geht schon«, murmelte Karl und rieb sich seine Nase. »Wir besorgen noch Getränke.« Vania und Pablo sprangen ins Freie. Sie verschwanden in einem Schnapsladen, kamen mit drei Kisten Bier, Rum und Cola zurück und luden ihren Einkauf neben Karl auf der Rückbank ab. Dann öffneten sie sich je eine Dose Bier und ermutigten Karl, es ihnen gleichzutun. »Ayayayay«, rief Pablo, stieß mit Karl an und schlürfte das überschäumende Bier aus der Dose. »Jetzt geht die Party los!« Vania schrie begeistert auf und drückte das Gaspedal wieder durch. Karl klammerte sich am Haltegriff seiner Autotür fest und betete, dass Vania betrunken besser als nüchtern fahren würde. Zaturno Espacial heulte aus den Boxen: »No me importa lo que digan, los rumores, las mentiras, aqui yo estoy, aqui yo estoy!«

Reñaca war ein Ort, an dem nur reiche Leute lebten. In Vanias Gasse reihte sich eine Villa an die nächste, die, allesamt auf schroffen Klippen erbaut, ihren Bewohnern einen spektakulären Ausblick auf den Pazifik boten. Vania parkte vor einem modernen Gebäudekubus mit glänzender Glasfassade und einer begrünten Dachterrasse, die sich über die gesamte flache Oberseite des Bauwerks zog, und sie stiegen aus. Ihr zerbeulter VW Polo machte sich in der Nachbarschaft der protzigen Villen und blank polierten Luxusschlitten wie ein unwillkommener Eindringling breit.

»Das Haus gehört meinem Stiefvater«, erklärte Vania, während sie die Alarmanlage deaktivierte und das automatische Tor sich mit leisem Surren öffnete. »Der ist Immobilienmakler und stinkreich. Jetzt lebt er gerade mit meiner Mutter in Kanada und deswegen wohne ich hier. Er vertraut mir zwar nicht und denkt, ich würde nichts tun, als Partys zu feiern und Drogen zu nehmen, aber weil er so panische Angst vor Einbrechern hat, ist es ihm immer noch lieber, ich wohne hier, als das Haus steht leer.« »Er ist so ein richtiger Kapitalist«, brummte Pablo. »Dass mein Cousin hier lebt, darf ich ihm gar nicht erzählen«, sagte Vania. »Aber wie du dir vorstellen kannst«, grinste Pablo, »lebt es sich in seiner Bude ziemlich gut.«

Pablo heizte den Griller auf der Dachterrasse an, Vania kühlte in der Küche die Getränke ein und Karl half ihr dabei, Salate und Beilagen vorzubereiten. Wenig später trudelten die ersten Gäste ein und die Party kam ins Rollen. Während die rotglühende Sonne im Pazifik versank, schallten Lachfetzen und Latinorhythmen über das Dach und der Geruch von gegrilltem Fleisch erfüllte die Luft. Vania hatte sich umgezogen, ihr üppiger Busen quoll über den Rand ihres Dekolletés. Pablo hatte die Verantwortung über den

Griller an einen Partygast abgegeben und es sich in einer Hängematte bequem gemacht. Karl fühlte sich unwohl in großen Menschenmengen, besonders dann, wenn er niemanden kannte. So gesellte er sich mit einem Bier zu Pablos Hängematte und bat um einen Zug von seinem Joint. »Und, weißt du schon, wohin es dich nach Valparaíso verschlagen wird?«, fragte Pablo träge. »Ich habe mich entschieden, Richtung Norden zu fahren«, sagte Karl. »La Serena wird meine erste Station.« »Schöne Gegend«, sagte Pablo, »lass dir den Sternenhimmel im Valle del Elqui nicht entgehen.« »Ich habe schon gehört, dass das ein Highlight ist«, nickte Karl. »Wann geht die Reise los?«, fragte Pablo. Karl antwortete nicht und starrte wie versteinert auf die andere Seite der Terrasse. Verwundert hob Pablo den Kopf aus seiner Hängematte. »Das ist ja schön«, sagte er dann. »Jetzt hat es Juana also doch noch geschafft.«

Die Stunden verstrichen und der Abend verging. Auf den Tischen stapelten sich leere Weinflaschen, zerdrückte Bierdosen und Teller mit Grillresten. Die Aschenbecher quollen vor Zigarettenstummeln über. Karl hatte ein Glas Pisco nach dem anderen geleert und fühlte sich betrunken. Abseits des Partygeschehens war er verstohlen in die Betrachtung von Juana versunken, die an einem der Tische saß und sich mit Vania unterhielt. Vania war betrunken, sie konnte sich nur mit Mühe auf ihrem Sessel halten und redete, wild gestikulierend, auf die Malerin ein. Juana wirkte müde. Sie hatte tiefe Ringe unter den Augen und ihren Kopf auf der rechten Handfläche abgestützt.

Als Vania aufstand, um torkelnd Getränkenachschub zu holen, sah Karl seinen Moment gekommen, nahm all seinen Mut zusammen und steuerte mit festen Schritten auf Juana zu. »Kommst du für einen Augenblick mit?«, fragte er mit pochendem Herzen und konnte sein Glück kaum fassen, denn obwohl ihr die Verblüffung anzusehen war, stand Juana auf und folgte ihm.

Karl führte die Malerin in die Küche, weil er glaubte, sie wären dort am ungestörtesten. »Und jetzt?«, fragte sie, zwischen angebrochenen Spirituosen und den Stapeln von schmutzigem Geschirr, mit einem unverbindlichen Lächeln. Karl antwortete nicht. Er hörte das Blut in seinen Ohren rauschen. Auf seiner Oberlippe bildeten sich Tropfen von kaltem Schweiß. Einen Schritt auf Juana zumachend, fasste er sie mit zittrigen Händen an den Hüften und drückte seine Lippen auf ihren Mund. Vor Überraschung weiteten sich Juanas Pupillen. Karl schloss seine Augen, weil er ihren Blick, irgendwo zwischen Belustigung und Entsetzen, nicht ertrug. Und dann, er konnte es selbst kaum fassen, küsste ihn Juana tatsächlich zurück.

Karl und die Malerin küssten sich. Zuerst noch schüchtern und zart, dann mit wachsender Leidenschaft. Und während sich ihre Lippen immer fordernder ineinander verschränkten, störte mit einem Mal ein ungebetener Gast das verborgene Geschehen. »Juana … Karl!«, stieß Vania erschrocken heraus.

Juana und Karl stoben auseinander. Vania stand in der Tür und ließ vor Schreck ein volles Rotweinglas fallen. Das Glas zerbarst auf den Küchenfliesen in feine Scherben, während die drei wie versteinert dastanden und starrten. Dann erwachte Vania wieder zum Leben. Ihr Gesicht verzerrte sich vor blinder Wut. Mit einem gellenden Schrei stürzte sie sich auf Karl, warf ihn zu Boden und holte mit der Faust aus zum Schlag. Karl wusste gar nicht, wie ihm geschah. Er spürte, wie etwas Festes und Hartes gegen seinen Kiefer knallte, und nahm aus den Augenwinkeln wahr, wie sich

Juana an Vanias Arme krallte. Sie bekam Hilfe von anderen Partygästen, die, vom Lärm alarmiert, in die Küche stürzten und ein paar Sekunden später die wutentbrannte und unablässig fluchende Vania von Karls Körper gezerrt hatten. »Du Verräter, du Arschloch, du Hure!« Unter Vanias Geschrei reichte Juana Karl ihre Hand und zog ihn vom Küchenboden hoch. Sein Shirt hatte sich mit Rotwein vollgesogen, feine Glassplitter klebten an seiner Haut. Ohne noch etwas zu sagen, zerrte Juana Karl hinter sich her, aus der Küche, hinaus in den Garten, durch das Eingangstor und zu ihrem weißen Jeep. Sie drückte Karl auf den Beifahrersitz, stieg auf der anderen Seite ein und drehte mit zittrigen Händen den Schlüssel in der Zündung um. Mit heulendem Motor fuhr der Wagen in die sternenklare Nacht davon.

3

Sonnenflecken tanzten über Juanas nackten Rücken. In den Lichtstrahlen, die durch die Ritze im Vorhang drangen, flimmerte der Staub. Vor der Schlafzimmertüre kratzten die Krallen der Hunde, die nervös auf ihr Futter warteten, übers Parkett. Juana schlief ohne Polster. Ihr Gesicht war verborgen unter einem Berg schwarzer Locken. Karl lag neben ihr und wagte es nicht, sich zu regen. Er wollte die schlafende Malerin nicht aus ihren Träumen reißen. Irgendwann kam Leben in Juanas Körper. Sie räkelte sich zwischen den dünnen Laken, schob dann ihr Haar zur Seite und blinzelte Karl mit schlaftrunkenen Augen an. »Ist es schon spät?«, murmelte sie. »Keine Ahnung«, sagte Karl und lächelte. Mit zärtlichem Blick betrachtete er ihr zerknittertes Gesicht und hätte gerne die Hand ausgestreckt und über ihre Haut gestrichen. Er traute sich nicht. Juana räkelte sich gähnend und machte einen runden Katzenbuckel. Die spitzen Wirbel ihres Rückgrats drückten sich durch die Haut. »Ich hab einen Bärenhunger«, stöhnte sie. »Du auch?« Karl war so glücklich, neben der Malerin zu liegen, dass ihm alle anderen Bedürfnisse als profan erschienen. An seinen knurrenden Magen hatte er keine einzige Sekunde gedacht. Aber wenn Juana essen wollte, dann wollte er das auch. Juana krabbelte aus dem Bett und tapste barfuß durchs Schlafzimmer. Verstohlen betrachtete Karl ihren nackten Körper, der in seiner sehnigen Struktur etwas Zähes und Stählernes an sich hatte. Aus dem Kleiderschrank holte sie einen dünnen Morgenmantel und warf sich das violette Kleidungsstück über die Schultern. »Ich hoffe, du hast keine Angst vor Hunden«, sagte sie dann und öffnete die Schlafzimmertür. Zwei Bullterrier, einer weiß, mit rosafarbener durchscheinender Haut, der andere, ein Weibchen, braungefleckt, die Zitzen an der Unterseite seines Bauches geschwollen, stürzten herein und Juana kniete sich nieder und schloss die muskelbepackten, kraftstrotzenden Tiere in ihre Arme. Mit Entsetzen beobachtete Karl, wie die zwei schweinsnasigen Hunde mit den winzigen, schräggestellten Augen schwanzwedelnd und geifersabbernd ihre Besitzerin überfielen. Lachend wehrte Juana ihre stürmische Begrüßung ab und richtete sich wieder auf. »Der Weiße ist Roco, die Braune heißt Susu«, klärte sie Karl auf, der sich die Decke bis zur Nasenspitze hochgezogen hatte und heilfroh darüber war, dass ihm die Hunde keine Beachtung schenkten. »Die waren gestern Abend aber noch nicht da, oder?«, fragte er. »Nein, eigentlich halte ich sie im Garten«, antwortete Juana, »aber Roco weiß, wie sich die Türe öffnen lässt.« Sie klopfte ihm stolz auf den Rücken. »Er ist ein kluger Bursche. Leider rauft er zu viel. Oft stiehlt er sich mitten in der Nacht davon und kommt dann erst am nächsten Morgen mit blutigen Wunden zurück.« Karl schüttelte sich. »Susu ist brav«, redete Juana weiter. »Die hat erst vor drei Monaten Welpen bekommen. Ich habe sie alle an Freunde verschenkt und jetzt ist sie immer noch furchtbar traurig, weil sie ihre Kinder vermisst.« Sie kraulte die Hündin am Hals und die streckte ihr genüsslich den monströsen Kiefer entgegen. »Aber zwei von den Kötern sind wirklich genug«, sagte die Malerin dann.

Juana ging in die Küche und die Hunde folgten ihr, aufgeregt winselnd. Karl seufzte und kroch aus dem Bett. Er suchte seine Kleidung zusammen, die verstreut auf dem Boden lag, zog sich an und ging dann der Malerin hinterher. Als sie heute Morgen kurz vor Sonnenaufgang vom Feiern zurückgekehrt waren, hatte Juana das Licht nicht angedreht. Im Dunkeln waren sie durch das kleine Häuschen gestolpert. Jetzt, im hellen Schein der Sonne, die durch die verstaubten Fensterscheiben drang, wunderte sich Karl, dass sie den Weg ohne gröbere Unfälle gefunden hatten. Das Wohnzimmer war vollgestellt mit Umzugskartons, Werkzeugkisten und Malutensilien in Plastiksäcken. An den Wänden lehnten riesige Bilder, leere Leinwände und Packpapierrollen. Auf dem roten Sofa in der Mitte des Zimmers hatte Juana Wäscheberge gelagert. Der Weg zur Küche stellte einen Hindernislauf dar. Überall standen Kisten, Körbe und Koffer, in denen die Malerin anstelle von Möbeln ihr Hab und Gut aufbewahrte.

In der Küche angekommen, hatten Roco und Susu schon fertig gefressen und schoben die leeren Futternäpfe mit ihren Schnauzen über die Fliesen. Juana stellte eine Espressomaschine auf den Herd. »Was frühstückst du?«, fragte sie ihn und zog den Gürtel ihres Morgenmantels ein wenig fester zu. »Solange es Kaffee gibt, bin ich glücklich«, sagte Karl. »Sehr gut«, grinste Juana. »Viel habe ich eh nicht zu Haus.« Karl schaute der Malerin dabei zu, wie sie zwischen Kühlschrank und Herd hantierte, flink ein paar Eier in der Pfanne briet und Toastscheiben röstete. In der Spüle stapelten sich Berge von schmutzigem Geschirr, ein Dutzend leerer Weinflaschen stand auf der Anrichte und neben dem Mistkübel waren Hundefutterdosen zu einem Turm aufgeschichtet, den eine dicke Schmeißfliege brummend umschwirrte. »Es sieht ein wenig chaotisch aus, ich weiß«, sagte Juana, als sie bemerkte, dass Karl seinen Blick durch die Küche schweifen ließ. »Aber ich bin erst letzten Monat eingezogen und noch ein wenig mit der neuen Wohnsituation überfordert.« Sie streute Salz und Pfeffer über die Spiegeleier und drehte die Flamme ab. »Es ist so viel im Haus zu renovieren, und ich habe es noch nicht mal geschafft, meine Kisten und Koffer auszuräumen.« »Ich versteh dich«, sagte Karl. »Ein Umzug kann übermenschliche Dimensionen annehmen.« »Vor allem, wenn du alleine gegen das Chaos kämpfst«, nickte Juana. Auf der Suche nach sauberem Geschirr riss sie alle Schranktüren auf. »Stört es dich, wenn wir aus der Pfanne essen?«, fragte sie dann. »Wo denkst du hin«, sagte Karl. Mit leisem Blubbern fing der Kaffee an zu kochen, Juana stellte die Kanne vom Herd, schenkte die brühend heiße Flüssigkeit in Tassen ein, schnappte das gegrillte Toastbrot und drückte Karl die Pfanne mit den Eiern in die Hand. »Ich habe dieses Haus nur gekauft, weil es den schönsten Ausblick in ganz Valparaíso hat«, sagte sie dann. »Lass uns auf der Terrasse frühstücken!«

Juana sperrte die Hunde in der Küche ein und sie gingen durch die Balkontür im Wohnzimmer nach draußen. Die Terrasse war ein waghalsig zusammengezimmertes Konstrukt aus blanken Holzbrettern, das an zwei Meter hohe Stützpfosten genagelt war und über einer mit dornigem Gestrüpp dicht bewachsenen Felswand schwebte. Kein Geländer trennte den Abgrund vom schwankenden Boden. Am Fuße des Berghangs, im ebenen Tal, erhob sich der Hafen in der Bucht des pazifischen Ozeans. Juana stellte das Frühstück auf einer Decke ab, die auf dem Boden lag, hielt ihr Gesicht in die Sonne und breitete die Arme aus. »Herrlich, diese Aussicht, nicht?«, fragte sie. Karl stimmte ihr zu, auch wenn ihn die Höhe ein wenig schwindelig machte. Während Juana am Rand der Holzbretter balancierte, genoss er den Anblick der alles überragenden blauen Lastenkräne, die bunte Containerboxen mit den Namen Hamburg Süd, China Shipping und Hanjin Korea scheinbar mühelos von einem Stapel auf den anderen hoben, lieber aus dem Sitzen. Er erfreute sich ebenfalls an den schnittigen Segelbooten, die an der Mole ruhten, und den grauen Militärschiffen mit ihren mächtigen Schloten, die den Hafen im Meer bedrohlich umzingelten.

Juana kam zu Karl und nahm neben ihm auf der Decke Platz. Sie blinzelte ihn mit ihren mahagonibraunen Augen an, die im hellen Schein der Sonne um die Pupillen bernsteinfarbene Sprenkel bekamen. »Geht's dir gut?«, fragte sie und strich mit ihrem Handrücken zärtlich über sein Gesicht. »Hast du noch Schmerzen von gestern Nacht?« Karl betastete seine geschwollene Lippe und die linke Wange, die sich um sein linkes Auge herum taub anfühlte. »Nein«, log er dann. »Sehe ich sehr verwüstet aus?« Ein Lächeln huschte über Juanas Gesicht. »Ja«, sagte sie, »du wirkst wie ein rauer Seemann, der sich mit billigem Schnaps und willigen Huren die Nächte um die Ohren schlägt.« Sie lachte über diese Vorstellung und Karl schaute ein wenig beleidigt drein. »Glaub mir«, fügte die Malerin dann versöhnlich hinzu, »ich finde, dieser neue Look steht dir unheimlich gut!«

Sie tranken den brühend heißen schwarzen Kaffee, aßen Toastbrot und Spiegelei aus der Pfanne und während die

Sonne immer höher stieg und auf ihre Köpfe brannte, bastelte ihnen Juana einen Joint. Nach dem Rauchen wurde es ihnen zu heiß auf der Terrasse und sie verkrochen sich wieder ins Bett. Zwischen zerknautschen Kissen und zerwühlten Laken blieben sie liegen, bis die Nacht anbrach und die Hunde vor Hunger heulten. Dann aßen sie eine Tafel Schokolade, tranken Rotwein aus der Flasche, schnupften eine zarte Line von Juanas Koks und gingen im Mondschein die gewundene Straße bergab ins Zentrum der Stadt. Es war Samstagnacht und Valparaíso tobte. Juana und Karl tranken Tequila mit belgischen Touristen, flogen aus der Schwulenbar, weil sie an der Theke kifften, und tanzten in La Masquara, bis um 4 Uhr morgens die Lichter angingen und die Türsteher die Disko räumten. Die Kleidung klebte klatschnass an ihren verschwitzten Körpern, als sie ins Freie stürzten, am Straßenrand einer jungen Studentin frisch gebackene Empanadas abkauften, ein Taxi anhielten und auf dem Rückweg zu Juanas Heim lachend die Rückbank mit den warmen Teigtaschen vollbröselten.

4

»Karlito, halt doch endlich still«, flehte Juana. Karl konnte sie nur hören, aber nicht sehen, weil er den Kopf nicht drehen durfte. »Ich habe mich doch gar nicht bewegt«, entgegnete er beleidigt. »Doch, gerade eben bist du noch anders dagesessen als jetzt«, beharrte die Malerin. »Du hast dein Gewicht mehr auf den linken Oberschenkel gelegt. Jetzt hängst du in der Mitte.« Karl seufzte. Juana hatte es sich in den Kopf gesetzt, ein Abbild von seinem Rücken zu malen. Und während sich die Malerin hinter ihrer Staffelei verschanzte und penible Anweisungen zu seiner Haltung gab, hockte er seit Stunden nackt auf ihrem Bett, mit dem Gesicht zur Wand, und tat nichts anderes, als die Risse und Furchen zu studieren, die sich durchs brüchige Mauerwerk zogen.

Die letzten Tage waren in Karls Erinnerung verschwommen – zu einer endlosen Aneinanderreihung von wilden Küssen und zarten Liebesbekundungen, durchtanzten Nächten, verschwendeten Stunden, fein gewobenen Traumgespinsten, den orgiastischen Schreien der rolligen Katzen, dem Kreischen der gierigen Möwen, den heulenden Hundemeuten, die sich in einsamen Nächten auf den Straßen zerfetzten, dem beißenden Geruch von Öl und Fisch, den der Wind vom Hafen auf den Berghang brachte, und den wohligen Schauern, die seinen Körper ergriffen, wenn Juanas rissige Fingerkuppen über seinen Rücken strichen. Während seine geschwollene Lippe langsam verheilte und das blaue Auge täglich die Farbe wechselte, zuerst grün wurde und dann braun, ernährten sich Karl und die Malerin von nichts außer Liebe, Rotwein und Koks und vergaßen, die Hunde zu füttern, die verstört und mit hängenden Ohren vor der Schlafzimmertür auf und ab patrouillierten. Karl hatte sein Handy verlegt und jegliches Zeitgefühl verloren. Er wusste nicht, wie lange er schon bei Juana lebte. Sein Gepäck war im Hostel geblieben, seine Rechnungen hatte er nicht beglichen. Dafür war Karl zum Dichter geworden. Eines Abends, als er mit Juana rücklings auf der Terrasse lag und in den Sternenhimmel über sich sah, verspürte er zum ersten Mal in seinem Leben das Bedürfnis, seine Gedanken in Versen auszudrücken. Aufgeregt kritzelte er seine Eingebung auf ein Stück Papier und las sie im Anschluss mit pochendem Herzen der Malerin vor, auch wenn sie nur den Klang und nicht den Sinn seiner deutschen Worte verstand.

»Ich mag deine Schulterblätter«, sagte Juana in diesem Moment. »Ich mag, dass sie klein und zierlich sind, so aussehen, als müssten sie bei der kleinsten Berührung zerbrechen. Sie sind wie die Flügel eines müden Engels.« Karl hing ihren Worten nach und fragte sich, ob er gerne ein müder Engel wäre. Samael, Ezekeel, und wie die gefallenen Himmelswesen alle hießen, flatterten in seinem Kopf herum, als ein Klopfen an der Haustür ihn aus seinen Gedanken riss. Knurrend schlugen die Hunde an, Karl zuckte erschrocken zusammen. Er vergaß, dass er sich nicht bewegen durfte, und drehte den Kopf zu Juana. Die letzten Tage hatten er und die Malerin in solch harmonischer Eintracht gelebt, dass es ihm vorkam, als wären sie, wie Adam und Eva im Garten Eden, die einzigen Menschen auf diesem Planeten. Wer wagte es, ihre Idylle zu stören?

Die Hunde hatten aufgehört zu bellen und kratzten nun winselnd an der Tür. Juana legte ihre Stirn in Falten. »Ich geh mal nachsehen, wer das ist«, murmelte sie, strich ihr Haar aus dem Gesicht und legte den Pinsel auf die Staffelei. Als sie in der Tür stand, drehte sie sich noch einmal um und streifte Karl mit einem nachdenklichen Blick. »Vielleicht ziehst du dir besser etwas an«, sagte sie.

Karl spürte seinen Herzschlag dumpf in der Brust. Eine unheilvolle Ahnung breitete sich in ihm aus. Er wusste, dass etwas nicht in Ordnung war, auch wenn er noch nicht sagen konnte, was. Zwischen dem aufgeregten Jaulen der Hunde hörte er Juana mit einer ihm unbekannten männlichen Stimme diskutieren. Er hatte gerade erst den Knopf seiner Jeans geschlossen, als zuerst mit polternden Schritten die Gestalt eines schmächtigen Mannes und dann dicht auf dessen Fersen das aufgelöste Gesicht Juanas in der Tür erschien. Der unbekannte Störenfried war um die sechzig, trug einen langen, spitz gezwirbelten Schnurrbart über seiner zarten Oberlippe und reichte der Malerin bis zum Kinn.

Einen Moment lang stand er mit ausdruckslosem Gesicht da und musterte Karls offenes Haar, seinen nackten Oberkörper sowie die zerwühlten Laken im Bett. Dann unterbrach Juana sein bedrohliches Schweigen.

»Carlos«, rief sie ihm leise zu, und der Mann drehte sich um. »Wie alt ist der Junge?«, fragte er, sein Schnurrbart zitterte dabei. Juana legte ihre Hand auf Carlos Schulter, doch widerwillig schüttelte er sie ab. »Weißt du, Juana, es ist mir egal, was du in deiner Freizeit machst«, sagte Carlos. »Ich möchte nicht wissen, wie jung deine Liebhaber sind, ob du es mit Männern oder Frauen treibst. Du bist ein freier Mensch, du kannst lieben und leben, wie du willst. Es geht mich nichts an. Dass du allerdings die Galerie verkommen lässt, dich nicht darum kümmerst, ob unser gemeinsames Projekt, unser einziges Einkommen, vor die Hunde geht, das lasse ich nicht zu!« »Es tut mir leid, wenn du diesen Eindruck gewonnen hast, aber …« »Du hast seit einer Woche geschlossen«, unterbrach Carlos Juana. »Und hast nicht einmal bemerkt, dass im Postkasten ein Kündigungsschreiben deiner einzigen beiden Mitarbeiter liegt!« »Was?«, rief Juana entsetzt und schlug sich die Hand vor den Mund. Carlos holte aus seiner Hosentasche einen zerknitterten Brief und wedelte damit vor ihrer Nase herum. »Aufgrund persönlicher Differenzen mit ihrer Chefin«, zitierte er den Inhalt des Schreibens, »haben Vania Dominguez und Pablo Gutierres beschlossen, ihren Posten in der Galeria de Neruda fristlos zu kündigen. Der Brief ist auf den 15. Februar datiert. Heute schreiben wir den 22.!« Juana riss Carlos das Papier aus der Hand und las ungläubig, was darauf geschrieben stand. »Das ist ja nicht zu fassen«, rief sie danach empört. »Wie können mich die beiden einfach so im Stich lassen?« »Sie werden ihre Gründe dafür gehabt haben«, erwiderte Carlos grimmig. Juana schüttelte stöhnend den Kopf. Carlos stieß seine Schuhspitze in den Boden. »Ich gehe«, sagte er. »Und ich rate dir, bring diesen Affenzirkus so bald wie möglich in Ordnung!« Ohne sich noch einmal zu Karl umzudrehen, drückte er die Malerin grob zur Seite und stürmte aus dem Raum. Krachend fiel die Tür ins Schloss, ein Automotor heulte vor der Einfahrt auf und verebbte ein paar Sekunden später in den verwinkelten Häuserschluchten. Roco tapste ins Zimmer herein und setzte sich vor Juana. Mit schief gelegtem Kopf warf er ihr vorwurfsvolle Blicke zu.

Karl sank aufs Bett. Er fühlte sich wie erschlagen. Ungeordnet rasten die Gedanken durch seinen Kopf. »Wer war das?«, fragte er, die Antwort schon erahnend. »Mein Mann«, erwiderte Juana. »Du bist verheiratet«, sagte Karl tonlos. »Ja«, antwortete Juana, »aber wir leben getrennt.« »Seit wann?«, fragte Karl. »Seit zwei Monaten«, sagte Juana. »Zwei Monate«, wiederholte Karl, »und wie lange wart ihr zusammen?« »17 Jahre«, meinte die Malerin leise. Karl sagte nichts. Sie schwiegen. Karls Finger betasteten den Stoff seiner schmutzigen Jeans. Was hatte er sich erwartet? Was durfte er verlangen? »Karlito«, sagte Juana sanft, »haben wir jetzt ein Problem?« »Er heißt genauso wie ich«, sagte Karl und fühlte mit einem Mal verletzten Stolz in seiner Brust aufsteigen. »Du hast ihn bestimmt auch Carlito genannt. All die 17 Jahre.« »Es gibt keinen Grund, auf die Vergangenheit eifersüchtig zu sein«, sagte Juana. »Du hast mir nicht erzählt, dass du verheiratet bist«, sagte Karl. »Du hast mich nicht danach gefragt«, erwiderte Juana.

Abrupt sprang Karl auf und begann, seine Sachen zusammenzusuchen, die quer übers Zimmer verstreut auf dem Boden lagen. »Was machst du?«, fragte Juana. »Ich gehe«, antwortete Karl. »Wohin?«, fragte Juana. »Das geht dich nichts an«, sagte Karl. »Karlito«, bat Juana, »sei nicht albern. Lass uns noch einen schönen Abend haben. Morgen früh muss ich arbeiten gehen. Dann fängt der Ernst des Lebens wieder an.« »Ich werde mich nie wieder auf einen schönen Abend mit dir einlassen«, zischte Karl. Er zog sich sein stinkendes T-Shirt über, stopfte sein Portemonnaie in die hintere Hosentasche und polterte durch die Tür. Im Wohnzimmer schaute sich Karl noch einmal um, ob er etwas vergessen hatte. Aber da er mit nichts gekommen war, gab es auch nichts mitzunehmen. Gleichzeitig hoffte er, dass Juana ihm folgen, ihn anbetteln würde, bei ihr zu bleiben. Er ließ sich offen, ob er ihr dann noch eine Chance geben würde. Doch Juana kam nicht. Und so stürzte Karl, ohne sich zu verabschieden und noch wütender als zuvor, ins Freie hinaus und schlug die Türe krachend hinter sich zu.

»Wo warst du so lange, ich habe mir Sorgen gemacht«, empfing ihn Ingeborg, als Karl auf der Schwelle des Hostels stand. »Wilde Geschichte, frag lieber nicht«, murmelte Karl und winkte ab. »Tut mir leid, dass ich mich nicht gemeldet habe. Ich wurde von den Ereignissen überrollt.« »Geht's dir gut?«, fragte Ingeborg besorgt. »Ist alles in Ordnung?« »Jaja«, sagte Karl, »für heute Nacht bräuchte ich wieder ein Bett.« »Du hast hier ein Bett«, antwortete Ingeborg, »das du seit einer Woche nicht benutzt. Und jetzt hätte ich gerne, dass du die ausstehenden sieben Nächte bezahlst.« »Was?«, fragte Karl. »Wieso soll ich zahlen, wenn ich gar nicht hier geschlafen habe?« »Weil du nie ausgecheckt hast«, sagte Ingeborg streng. »Dein Gepäck steht auch noch oben. So einfach läuft das bei mir nicht.« Sie rückte ihre Brille auf der Nasenwurzel zurecht und legte ihm eine saftige Rechnung vor. Karl schluckte. Widerwillig zückte er seine Kreditkarte und reichte sie der Hostelbesitzerin über den Tresen.

Karl beschloss, sich zu betrinken. Er zog sich auf seinem Zimmer frische Kleidung an, verließ dann das Hostel und setzte sich in die erstbeste Bar, die er fand, an einen Tisch ins Freie. Die Sonne stand noch hoch und trieb ihm den Schweiß auf die Stirn, während er zu trinken begann. Bald bekam er Gesellschaft von einem Engländer und statt Bier bestellten sie nun Rum. Die Sonne ging unter, der Mond ging auf, der Engländer kotzte auf dem Klo, als Karl die Entscheidung traf, seinen Platz, von dem er sich seit Stunden nicht wegbewegt hatte, zu verlassen. Er legte all sein Geld, das er in seinem Portemonnaie fand, auf den Tisch und stand auf, ohne auf den Engländer zu warten. Kurz glaubte er umzufallen. Sternchen flimmerten vor seinem Gesicht. Er klammerte sich an der Tischkante fest. Dann machte sich Karl schwankend und torkelnd auf den Weg, pinkelte zwischen parkende Autos und versuchte, im dunklen Straßengewirr Valparaísos seine Orientierung nicht zu verlieren. Natürlich hatte er sich sofort hoffnungslos verirrt und fand sich erst zwei Stunden später vor Juanas Häuschen wieder. Mit den Fäusten hämmerte er auf ihre Türe ein. Roco und Susu fingen wütend an zu bellen. Juana öffnete. Sie hielt mit den Beinen die knurrenden Hunde in Schach und musterte mit müden Augen Karls jämmerliche Gestalt. »Es tut mir so leid, Juana«, heulte er. »Magst du mich noch?« Juana seufzte. »Natürlich, Karlito«, sagte sie. »Komm rein!«

5

Am nächsten Tag standen Karl und Juana das erste Mal seit langer Zeit schon vormittags auf. Karl spürte die Nachwirkungen der gestrigen Nacht und brühte einen starken Kaffee, Juana sperrte die Hunde im Garten ein und dann fuhren sie in ihrem weißen Jeep los zum Mercado Cardonal. Die

Ladentische bogen sich unter den Bergen von frischem Obst und Gemüse. Verwilderte Katzen streiften auf der Suche nach Fischresten um die Beine der Passanten. Tauben stritten sich flügelschlagend um Brotkrumen, die auf dem Boden lagen. »Kannst du kochen, Karlito?«, fragte Juana, während sie an den Ständen vorbeispazierten. »Kommt darauf an, was du für Ansprüche stellst«, sagte Karl. »Wenn du dich mit Milchreis und Spaghetti begnügst, dann kann ich kochen.« »Was esst ihr so in Österreich?«, fragte Juana. Karl überlegte. »Ich weiß es nicht«, sagte er dann wahrheitsgemäß. »Viel Paniertes und Frittiertes, so wie sonst auch überall auf der Welt.« Sie blieben vor einem Fischgeschäft stehen. »In Chile essen wir viel Fisch«, sagte Juana. »Weißt du, wie Fisch ausgenommen wird?« Karl beäugte die feuchtglänzenden Fische, die aus toten Augen durch ihn hindurchstarrten, die saugnapfbesetzten Tentakeln der Kalmare, die Muscheln und Schalentiere in allen Formen und Farben, die aufgeschichtet im Schaufenster lagen. »Ich weiß bei den meisten Tieren, die es hier zu kaufen gibt, nicht einmal, wie sie gegessen werden«, erklärte er. Juana schnalzte tadelnd mit der Zunge. »Dann kaufen wir Filets«, bestimmte sie. »Die haust du in die Pfanne, drehst sie einmal um und fertig.« Karl blinzelte. »Wenn es nach mir geht, brauchen wir gar keinen Fisch zu kaufen. Ich mag nur panierten Fisch, der nicht mehr als Fisch zu erkennen ist.« »Aber die Gäste!«, rief Juana. »Wir müssen doch mittags etwas zu essen servieren.« Sie öffnete die Tür des Geschäfts und die Ladenglocke hieß sie bimmelnd willkommen. »Ich habe mir gedacht«, sagte Juana, »dass du in der Küche bleibst und ich die Kellnerin mime. Was hältst du davon?« »Ich fürchte, dann wirst du dir von den Kunden was anhören müssen«, sagte Karl. »Die Gäste werden der Reihe nach ihr Mittagessen zurückschicken.« »Blödsinn!«, antwortete Juana. »Pablo konnte auch nicht kochen und niemand hat sich beschwert. Wir bedienen schließlich nur Touristen. Die kommen einmal und nie wieder. Da macht es nichts, wenn der Fisch ein wenig versalzen ist.«

So wurde Karl zum Koch. Er band sich Pablos Schürze um und setzte seine weiße Kochhaube auf. Schnitt Zwiebeln, Tomaten und Avocados zu einem chilenischen Salat, modellierte Reisberge, garnierte Tellerränder mit Minzblättern und Balsamicotupfen und gab sich redliche Mühe, den Fisch in der Pfanne nicht zerfallen zu lassen. Juana lobte sein Geschick und keiner der Gäste beschwerte sich. Als die Mittagszeit vorüber war, erklärte Juana Karl, wie die Kaffeemaschine funktionierte, und verzog sich ins Atelier, um den Bilderzyklus, den die amerikanische Kundin vor Wochen bei ihr in Auftrag gegeben hatte, fertig zu malen. Karl putzte mit einem Messer die Gräten unter den Nagelrändern seiner Finger hervor und versuchte erfolglos, den Fischgestank loszuwerden, der wie eine zweite Haut an ihm klebte. Er bediente ein junges spanisches Pärchen, das nach Kaffee fragte, und setzte sich dann unter den Feigenbaum, um neue Gedichte zu verfassen. Als Juana zu ihm auf die Terrasse kam, dämmerte es schon und die Katzen spazierten über die Dächer der Stadt. Juana stellte eine Flasche Wein und zwei Gläser auf den Tisch. »Danke, Karlito, dass du mir heute geholfen hast«, sagte sie, beugte sich zu Karl und küsste ihn auf die Stirn. »Hab ich gern gemacht«, antwortete Karl, legte den Stift auf den Tisch und schlug die dicht beschriebenen Seiten seines Heftes zu. Dann saßen sie in der lauen Sommernacht beisammen, lauschten dem Säuseln der Feigenblätter und dem Zirpen der Zikaden.

»Ich werde mich nach neuem Personal für das Café umsehen müssen«, sagte Juana und drehte den Stiel ihres Weinglases zwischen den Fingern. »Was ist mit Carlos?«, fragte Karl. »Wieso springt er nicht ein, wenn er meint, die Galerie ginge vor die Hunde?« »Ich habe ihn weggeschickt«, seufzte Juana, »nachdem wir die letzten Monate nur noch gestritten haben. Es hat keinen Sinn, gemeinsam zu arbeiten, wenn wir uns wegen jeder Kleinigkeit in die Haare kriegen. Das Café war Carlos Projekt. Er hat sich um Küche und Kunden gekümmert. Als er gegangen ist, haben wir Vania und Pablo eingestellt. Carlos kümmert sich momentan nur um die Finanzen und bietet seine Bilder zum Verkauf an, so wie ich.« »Wieso habt ihr euch überhaupt getrennt, nach so vielen Jahren?«, fragte Karl. Juana lächelte. »Das ist schwer zu beantworten«, sagte sie dann. »Denn manchmal weiß ich das selber nicht. Es war jedenfalls meine Entscheidung. Ich hatte in den letzten Jahren das Gefühl, dass Carlos und ich auf derselben Stelle treten. Wir nicht mehr vorangekommen sind. Unsere Beziehung hat sich immer um die gleichen Themen gedreht. Ich habe mich nach einer Entwicklung gesehnt. Gleichzeitig das Gefühl gekriegt, die Zeit rinnt mir davon. Die Uhr tickt. Ich werde alt und sehe, wie das Leben an mir vorüberzieht. Da war diese Frage, die hat immer an mir genagt: Kann das wirklich alles gewesen sein?« Sie schwiegen und tranken. Karl schenkte nach. »Manchmal bereue ich meine Entscheidung«, sagte Juana. »Ich vermisse Carlos. Das Gefühl, eine Familie zu haben. Aber gleichzeitig weiß ich, ich habe das Richtige getan. Die Trennung ist mir nicht leichtgefallen. Ich habe viel gelitten und leide immer noch. Aber ich glaube zu wissen, wer den riskanten Weg wählt, der wird letztendlich dafür belohnt.«

»Ich bin immer auf der sicheren Seite geblieben«, sagte Karl leise, »habe die Komfortzone nie verlassen. Mir fehlt der Mut, etwas Waghalsiges zu unternehmen.« »Du hast

Prügel eingesteckt, nur um eine alternde Künstlerin zu küssen.« Juana lächelte. »Wenn das nicht mutig ist, was dann!« »Ach was«, widersprach Karl, »das ging nur alles so schnell, dass mir keine Zeit zum Weglaufen geblieben ist.« »Niemand ist von Geburt an mutig oder feige«, sagte Juana. »Wie du bist, das ist eine Entscheidung, die du immer wieder treffen musst. Du wirst in deinem Leben noch an vielen Kreuzungen stehen und überlegen, in welche Richtung es weitergehen soll. Es ist nie zu spät dafür, den Kurs zu ändern.«

Karl strich über den Einband seines zugeschlagenen Schreibheftes. »Ich habe nachgedacht«, sagte er leise. »Vielleicht hast du recht, und ich sollte mich wirklich darauf konzentrieren, Gedichte zu schreiben, anstatt an Karriereplänen in großen Medienhäusern zu schmieden.« »Das klingt wunderbar.« Juana strahlte. »Ich frage mich halt«, sagte Karl, »was soll ich den Leuten erzählen? Meinen Eltern, meinen Freunden. Sie werden denken, ich wäre verrückt. Wer will heutzutage noch Dichter werden? Das klingt so romantisch verklärt. Es passt nicht zur zweckorientierten, beflissenen Haltung unserer Zeit.« »Umso besser«, rief Juana. »Gerade heute braucht es Leute wie dich, die mutige Entscheidungen treffen. Die aus der Reihe tanzen, anstatt im Gleichschritt der Masse zu marschieren.« »Wer braucht schon Gedichte?«, wandte Karl ein. »Wir alle!«, rief Juana und hob ihre Hände. »Wir brauchen die Poesie dringender denn je. Wir brauchen Menschen, die zurück zu ihren Wurzeln finden. Den Selbstzweck ihres Lebens erkennen. Die ihr Dasein nicht durch Ausreden rechtfertigen. Ihren Erfolg nicht an gesellschaftlich anerkannten Symbolen messen. Die eine Tätigkeit um ihrer selbst willen ausüben und für nichts sonst. Denn das ist der Urgrund jedes Arbeitens und jedes Seins. Deswegen gibt es die Kunst. Sie ist, wie das Atmen, eine Notwendigkeit der menschlichen Existenz. Karl, wir brauchen die Dichter. Die Menschen, die sich auf den Flügeln der Poesie durch die Lüfte schwingen. Sie bringen uns Hoffnung – dort, wo schon alles verkümmert ist.«

Karl schluckte. »Ich weiß nicht, ob ich das kann«, sagte er schließlich. »Mein Ding durchziehen und die Einwände der anderen ignorieren. Ich bin nicht so wie du.« »Karlito, es ist keine Schande, Furcht zu verspüren«, sagte Juana zärtlich. »Im Gegenteil. Du wirst an Stärke gewinnen, wenn du dir deine Ängste eingestehen kannst.«

6

In Karls und Juanas Leben kehrte eine lose Ordnung ein. Vormittags spazierten sie über den Markt und kauften Fisch, dann fuhren sie weiter zur Galerie. Juana verzog sich in ihr Atelier und Karl kümmerte sich um das Café. Er bereitete jeden Tag das gleiche Menü zu: Fisch, Reis und chilenischen Salat. Er variierte lediglich die Anzahl der dekorativen Balsamicotupfen auf dem Tellerrand. Nach dem Mittagsgeschäft putzte Karl die Küche, setzte sich im Anschluss auf die Terrasse und schrieb an seinen Gedichten. Er verbrachte den ganzen Nachmittag im Schatten des Feigenbaumes, unterbrach seine Arbeit nur, wenn Gäste kamen und nach einem Kaffee fragten, und ließ seinen Gedanken freien Lauf. Die Ideen sprudelten nur so aus ihm heraus. Zeile um Zeile füllten sich die Seiten seines Heftes. Gegen Abend verließ Juana ihr dunkles Atelier und kam mit einer Flasche Wein die Terrasse hinauf. Karl las der Malerin vor, was er geschrieben hatte, auch wenn sie nur den Klang und nicht den Inhalt seiner deutschen Verse verstand.

Karl lebte jetzt bei Juana und hatte sein Hostelbett gekündigt. Er hatte sich mit fettiger Salamiwurst die Freundschaft von Juanas Hunden erkauft, und jetzt knurrten sie nicht mehr, wenn er das Haus betrat, sondern empfingen ihn mit wedelnden Schwänzen. Gegen Wochenende füllte Juana ihren Koksvorrat auf. Dann durchtanzten sie die Nächte in La Masquera und die Galerie blieb tagsüber geschlossen. Eines Tages, als Karls Aufenthalt in Chile sich dem Ende zuneigte und er gerade das Mittagessen zubereitete, betrat Vania die Galerie. Das schlechte Gewissen stand ihr ins Gesicht geschrieben. Zähneknirschend entschuldigte sie sich bei Karl für die Prügel und fragte Juana, ob sie und Pablo wieder arbeiten dürften. Die Malerin willigte unter einer Bedingung ein: Vania und Pablo sollten das kommende Wochenende übernehmen, sodass sie und Karl sich noch ein paar schöne Tage machen konnten.

Am Freitag packten Karl und Juana den Jeep mit Zelt, Schlafsäcken und Weinflaschen voll und fuhren zum Playa de Quintay. Die Sonne ging schon unter, als sie die Bucht erreichten, und verwandelte die schroffen Felsen, die den unberührten Sandstrand umschlossen, in rosa leuchtendes Quarz. Vor dem gischtschäumenden Pazifik schlugen Karl und Juana ihr Zelt auf, grillten Würste über dem Lagerfeuer und suchten den nächtlichen Himmel nach Sternschnuppen ab.

Dann wurde es Zeit für Karl, Valparaíso zu verlassen. Am Tag seines Abschiedes strahlte die Sonne unbarmherzig heiß und grell. Juana hatte ihn zum Busbahnhof gebracht, von wo aus er nach Santiago fahren würde, um seinen Flieger nach Hause zu nehmen. Karl lud seinen Rucksack in den Bus und dann standen die beiden einander schweigend gegenüber. »Ich bin nicht gut im Verabschieden, Karlito«, sagte Juana schließlich. »Danke für den schönen Sommer.« Sie zog Karls Körper an ihre Brust und küsste ihn. Noch bevor sich ihre Lippen voneinander lösten, tippte der Schaffner Karl auf die Schulter und ermahnte ihn einzusteigen. Als er im Bus einen Platz am Fenster ergattert hatte und die Plattform nach Juanas Gestalt absuchte, war die Malerin schon im Gedränge der Passanten verschwunden.

ROSAROTE KALMARE

1

Katja schob die Seitentür des Autos auf und steckte zuerst ihren Kopf und dann die nackten Füße ins Freie hinaus. Sie wackelte mit den Zehen und betrachtete ihre pink lackierten Nägel, an denen die Farbe schon abzusplittern begann. Blasslila Wolken hingen über Metelkova und verdeckten die Sicht auf die Sonne. Die taufrische Luft roch nach Herbst.

Katja setzte ihre Brille auf und stieg aus dem Auto. Der Asphalt fühlte sich rau unter ihren bloßen Fußsohlen an. Sie fischte aus dem Kleiderchaos auf der Rückbank eine Weste und warf noch einen Blick auf die schlafende Isa, der aus dem geöffneten Mund ein Speichelfaden auf den Polster rann, hob dann die Kiste mit dem Geschirr aus dem Wagen und ging damit zur Bank. Routiniert baute sie den Gaskocher zusammen, schraubte die Espressomaschine auf und füllte Mineralwasser und Kaffeepulver ein. Dann stellte sie die glänzende Kanne auf die Platte, nahm auf der Bank daneben Platz und wartete mit überschlagenen Beinen darauf, dass der Kaffee zu kochen begann.

Bis auf die Spatzen, die über ihr, im Wipfel der Buche, zaghaft zirpten, und das Zischen des Gases, das mit blauer Flamme verbrannte, war es still in Metelkova. Hinter den bunt bemalten und wild dekorierten Fassaden des ehemaligen Militärverwaltungsgebäudes schliefen seine Bewohner noch tief und fest. Gestern Nacht hatte es eine große Party gegeben und der ganze Hof hatte im Technobeat gedröhnt. Dutzende Teenager in Nietenhosen, in die Jahre gekommene Punks und Autostopper in zerschlissenen Gewändern hatten bis in die frühen Morgenstunden gefeiert und getanzt. Während Isa trotz des Lärms selig schlummerte, war Katja wach danebengelegen und hatte sie um ihren Schlaf beneidet. Seit zwei Wochen standen sie schon mit ihrem fahruntüchtigen Bus in Metelkova und Katja machte keine nennenswerten Fortschritte bei der Reparatur. Nach einer langen Balkanreise hatte auf der Autobahn, kurz vor der Abfahrt nach Ljubljana, die Schmierung versagt, der Kolben sich an der Zylinderwand festgerieben, und nur mit Müh und Not hatten sie es bis in die Stadt geschafft. Mittlerweile zweifelte Katja ernsthaft daran, dass es ihr gelingen würde, den VW-Bus wieder auf die Straße zu bringen. Sie waren beide pleite, hatten den Überziehungsrahmen auf ihren Konten überschritten und mussten dringend zurück und auf Jobsuche gehen, aber sie war nicht bereit, ihr Auto, das Zuhause auf vier Rädern, kampflos aufzugeben. Während Katja über Zylinderköpfen, Kolbenringen und den korrekten Größen von Drehmomentschlüsseln brütete, war sie irgendwann doch in einen unruhigen Schlaf gefallen. Sie hatte geträumt, dass ein rosaroter Riesenkalmar am Autofenster vorbeigeschwommen war und ihr mit seinen tentakelbesetzten Fangarmen gewunken hatte.

Mit sanftem Blubbern fing der Kaffee an, in der Kanne zu kochen, und das vertraute Geräusch riss Katja aus ihren Gedanken. Sie drehte die Herdplatte ab, schenkte sich eine Tasse ein und wärmte ihre Hände am heißen Porzellan. Einen Moment lang schloss sie die Augen und genoss den bitteren Duft, der aus der Tasse in ihre Nase stieg. Als sie die Lider wieder öffnete, sah sie die Gestalt eines schlaksigen Jungen, der vorbei am grün gestrichenen Verandagitter der *Jalla Jalla Bar*, an dem mit violetten Geranien bepflanzte Blumenkisten hingen, in den Hof geschlendert kam. Er ging mit hängenden Schultern, hatte den Kopf krampfhaft nach vorne geschoben und ließ seinen Blick ziellos über das Gelände wandern. Katja beobachtete ihn und ihre Augen trafen sich. Eine Sekunde lang zauderte sie zwischen pflichtschuldigem Gewissen und der Verlockung, die Tasse Kaffee ganz für sich allein zu genießen, dann aber hob sie die Hand und winkte ihm zu. Der Junge brauchte keine weitere Einladung. Mit federnden Schritten näherte er sich ihr.

Der Junge war ganz in Schwarz gekleidet und trat trotz seiner Springerstiefel beinahe lautlos auf dem Asphaltboden auf. Die rechte Hälfte seines Kopfes war kürzer geschoren als die linke und unter den zarten Stoppelhaaren prangte der Schriftzug *Pride* – den er in seine Kopfhaut eintätowiert hatte. Seine verkrampfte Haltung strahlte Anspannung aus, eine Gefühlsregung, die irgendwo zwischen kindlichem Trotz und eingebläuter Angst lag. Die Hände in den Hosentaschen vergraben, blieb er stehen und musterte zuerst das Auto und dann Katja mit misstrauischem Blick.

»Do you want coffee?«, fragte Katja und versuchte, ihrer Stimme einen geselligen Klang zu geben. Der Junge schob den Kiefer vor und in seinen dunklen Augen blitzte Verachtung auf. »Ich spreche Deutsch«, sagte er mit südtirolerischem Akzent und rollendem *R*. »Magst du Kaffee?«, fragte Katja. Der Junge blieb noch einen Moment stehen, mit grimmigem Blick, die Stirn in Falten gelegt, dann aber brach seine Maske zusammen und er ließ sich aufseufzend neben ihr auf die Bank fallen. »Kaffee wäre gut«, sagte er. »Ich fühl mich, als müsste ich sterben – so müde bin ich.«

Katja nahm eine zweite Tasse aus der Kiste und schenkte ihm ein. »Brauchst du Milch?«, fragte sie. »Ja«, sagte der Junge, »und Zucker!« Katja stand auf und ging zurück zum Auto. Sie öffnete die Kühlbox, die schon seit Wochen nicht mehr funktionierte und nur noch zur Aufbewahrung diverser Dinge diente, und holte die Haltbarmilch heraus. Dann schob sie den Vorhang kurz zur Seite und warf einen Blick auf Isa, die sich mit den schlaftrunkenen Worten »Du bist ja schon wach« auf die andere Seite drehte, und ging zum Jungen zurück. »Musst schaun, ob die noch gut ist.« Katja gab ihm die Packung. Sie sah ihm dabei zu, wie er zwei großzügige Löffel Zucker in den Kaffee schüttete, einen Schuss Milch dazugoss, mit seinem Finger umrührte und ihn danach in den Mund steckte und abschleckte.

»Was bedeutet dein Tattoo?«, fragte sie ihn, während er trank. »Du weißt nicht, was *Pride* heißt?« »Was bedeutet es für dich?«, hakte sie nach. »Dass ich stolz bin auf mich.« Er reckte sein Kinn in die Höhe. »Ich kann Haltung bewahren, bin kein Schwanzlutscher, wenn du verstehst.« »Bist du ein Nazi?« Der Junge verschluckte sich fast an seinem Kaffee. »Ein Nazi?«, zischte er. »Ich bin Punk! Wie kommst du darauf?« »Bei uns tätowieren sich nur die Nazis *Pride*«, erklärte Katja. »*Honour and Pride*. Das ist das Nazilogo.« »Keine Ahnung, was die Nazis in Wien machen«, knurrte der Junge. »Bei uns gibt es sogar eine Schwulenparade, die nennt sich *Pride*.« »Bist du schwul?«, fragte Katja. Wie elektrisiert fuhr der Junge hoch, verschüttete Kaffee auf seiner Hose und stellte die Tasse mit wütendem Schnauben auf dem Boden ab. »Seh ich etwa so aus?«, bellte er aufgebracht. »Hab doch grade gesagt, dass ich kein Schwanzlutscher bin!« »Weiß nicht«, sagte Katja. »Pfff«, atmete der Junge laut aus. Dann versuchte er, mit Spucke den Fleck auf seiner Hose zu entfernen. Katja zog ihre nackten Füße zu sich auf die Bank und umschlang fröstelnd ihre Knie. Der Junge hob seufzend seine Tasse auf und zog aus der Hosentasche eine Packung Zigaretten. Er steckte sich eine zwischen die Lippen und hielt Katja das offene Päckchen hin. »Magst du?« Dankbar fischte sie sich eine heraus. »Wie heißt du?«, fragte der Junge. »Katja.« Er gab ihr sein Feuer. »Ich bin Mirko«, sagte er dann.

Sie rauchten. »Du kommst also aus Wien«, stellte Mirko fest. »Ja«, sagte Katja. »Wohnst du schon lange dort?« »Schon immer.« »Gefällt's dir da?« Katja zuckte mit den Schultern. »Ist mein Zuhause«, sagte sie. »Ist sicher besser als in Ljubljana«, schnaubte Mirko verächtlich. »Slowenien kannst du vergessen, wir sind am Arsch.« Katja sagte nichts dazu. »Wie lange bist du schon in Metelkova«, fragte Mirko. »Ich hab dich noch nicht gesehen.« »Schon ein Weilchen«, antwortete Katja. »Machst du Party hier?«, fragte Mirko. »Momentan mein Auto reparieren«, sagte Katja. »Ist kaputt.« »Scheiße«, sagte Mirko. »Scheiße«, nickte Katja. Sie drückte ihre Zigarette aus. »Und du?«, fragte sie dann. »Was machst du hier so früh am Morgen?« Mirko seufzte auf. »Mein Mitbewohner ist gestern nach Frankfurt geflogen. Und den einzigen Schlüssel, den wir haben, hat er mitgenommen. Ich bin die ganze Nacht wie ein Bettler durch Ljubljana geirrt und habe kein Auge zugemacht.« Katja musterte Mirkos fahles Gesicht und die dunklen Ringe, die sich unter seine Augen gruben, und dachte, dass er sowieso aussah wie einer, der in den Nächten tanzte und tagsüber schlief. »Scheiße!«, antwortete Katja und drückte damit ihr Verständnis aus. »Ja, Mann, Scheiße, voll in den Arsch gefickt.« Mirko vergrub seinen Kopf in den Händen.

Isa steckte den Kopf aus der Autotür. Ihre feinen hellen Haare standen in alle Richtungen ab, als hätte sie in eine

Steckdose gegriffen, und Katja las in ihrem zerknitterten Gesicht, dass sie mit schlechter Laune aufgestanden war. »Guten Morgen«, rief sie ihr zu und gab sich Mühe, dabei fröhlich zu klingen. Isas Blick wanderte zwischen Mirko und Katja hin und her, dann knurrte sie etwas Unverständliches, das aber, ihrem Tonfall entsprechend, nicht sehr freundlich gemeint war. Mit nur einem Socken an ihren Füßen, der noch dazu ein Loch hatte, sodass ihr rechter großer Zeh daraus hervorlugte, stolperte sie tollpatschig aus dem Auto und ließ sich vor Mirko und Katja auf dem Asphaltboden nieder. »Ich finde meinen zweiten Socken nicht«, beschwerte sie sich. »Ist auch kein Wunder, bei dem Chaos in unserem Auto.« Sie nahm sich Kaffee. Mirko musterte Isa mit Neugier. »Was ist?«, blaffte sie barsch, als sie seinen interessierten Blick auf sich ruhen spürte. Katja schämte sich für Isas ungehobeltes Benehmen. »Seid ihr Freundinnen oder …« Mirko grinste anzüglich. »Frag nicht so blöd!«, fauchte Isa. »Was? Ich find Lesben super, auch wenn ich persönlich keinen Schwanz lutschen könnte, aber jedem das Seine, ich bin offen …« Der mörderische Blick, den Isa ihm zuwarf, würgte Mirkos Satz ab und sie verfielen in ein ungemütliches Schweigen. Während Katja Isa dabei beobachtete, wie sich diese eine Zigarette drehte, fragte sie sich zum wiederholten Mal, warum ihre Freundin in letzter Zeit so furchtbar aussah. Jeden Tag stand sie mit schlechter Laune und tiefen Falten im Gesicht auf. Katja hegte schon seit längerem den Verdacht, dass Isa ihrem Kummer mit Schlaf zu entrinnen versuchte – und ganz offensichtlich bekam ihr das nicht gut. »Na dann«, unterbrach Mirko ihre Grübeleien, sprang auf und wirkte auf einmal, als wäre er in Eile, »geh ich mal. Danke für den Kaffee.« »Keine Ursache«, murmelte Katja zerstreut. »Und falls ihr etwas braucht«, sagte Mirko im Gehen, »was euch ein bisschen glücklich macht, wendet euch an mich. Ich kann euch alles besorgen. Super Qualität. Jederzeit.« Er zwinkerte ihnen zu und schlenderte davon. Isa folgte ihm mit dem scharfen Blick eines Habichts, bis seine Gestalt hinter einer Häuserecke verschwand. »So ein Spast«, sagte sie mit angewiderter Stimme. Katja schüttelte genervt den Kopf. »Ich hatte es nett mit ihm, bevor du gekommen bist.«

Den ganzen Tag war Katja damit beschäftigt, Kolben, Kolbenringe, Zylinder und Zylinderköpfe auszutauschen, aber noch immer verlor die Maschine Öl an derselben Stelle: am ersten und dritten Zylinder, zwischen Zylinder und Zylinderkopf. Es lief an dem quadratischen Luftleitblech entlang, tropfte von oben herab auf die Stößelrohre und wurde dann vom Kühlluftstrom großflächig über der Heizbirne verteilt. Sie konnte sich nicht erklären, wie das Öl an diese Stelle gelangte, und am Nachmittag streifte sie ihre Handschuhe ab und gab auf. Niedergeschlagen ging sie zu Isa, die schon seit Stunden auf einer Bank saß, ohne sich zu rühren, und eine Zigarette nach der anderen rauchte. Katja hätte ihr gerne von den Problemen erzählt, aber sie wusste, das wäre zwecklos gewesen. Isa verstand nichts von Motoren. »Magst du spazieren gehen?«, fragte sie stattdessen. »Nein«, knurrte Isa. »Wir könnten uns ein Rad ausborgen«, schlug Katja vor. »Auf die Burg hinauf.« »Keine Lust«, antwortete Isa. »Oder wieder zum Chinesen gehen.« Katja unternahm einen letzten Versuch. »Katja«, sagte Isa und verdrehte die Augen. »Ich bin fertig mit dieser Stadt. Verstehst du, ich hab es satt zu warten. Sieh es ein: Das Auto ist Schrott, du vergeudest deine Zeit. Lass uns in den Zug steigen und endlich nach Hause fahren!« Katja biss sich auf die Lippen und wandte sich ab. Die Enttäuschung über Isa und das Gefühl der Hilflosigkeit trieben ihr Tränen in die Augen.

2

Katja saß auf der Bank, hielt die heiße Tasse in ihrer Hand und war in die Betrachtung der grünen Fassade des ehemaligen Militärverwaltungsgebäudes vertieft, auf der die naturgetreuen Bilder von rosaroten Kalmaren mit kugelrunden glänzenden Augen, einem schwarzen Oktopus, der seine tentakelbesetzten Fangarme um die vergitterten Fensterrahmen wickelte, und einem Blauwal, der sein Maul öffnete und seine dichten Barthaare entblößte, zu bewundern waren. Über ihrem Kopf wurden die Blätter der Buche an den Rändern schon braun. Der Herbst kündigte sich an.

Mirko saß neben ihr und trank Bier. »Ich hätte heut Nacht nicht so viel trinken sollen«, sagte er. »Aber du trinkst noch immer«, sagte Katja. »Jetzt ist auch schon egal«, sagte Mirko und nahm einen Schluck aus der Dose. »Was ist mit deinem Mitbewohner?«, fragte Katja. »Ist er zurückgekommen?« »Nein«, antwortete Mirko. »Keine Ahnung, was der macht. Ist ein netter Kerl. Aber nicht verlässlich.« Er seufzte. »Das Bier schmeckt nicht wirklich«, sagte er und hielt Katja die Dose hin. »Magst du?« Katja lehnte ab. »Du magst kein Bier?«, fragte Mirko. »Nicht um 9 Uhr in der Früh«, sagte Katja. »Bier ist Bier«, sagte Mirko. »Auch um 9 in der Früh.« Katja grübelte über der Frage, woher sie einen geeigneten Drehmomentschlüssel bekommen könnte. Sie brauchte einen, bei dem sich die 25 Nanometer im oberen Bereich der Skala befanden und der außerdem regelmäßig kalibriert worden war. Mit einer Federwaage hätte sie dem Drehmoment auf den Zahn fühlen können. Aber so etwas hatte sie natürlich nicht dabei. »Meine Großmutter«, lenkte Mirko sie ab, »hat immer getrunken, ganz egal, wann.« Ein Lächeln spielte um seine Lippen. »Sie war Alkoholikerin«, sagte er dann. »Hat mich schon mit sechs Jahren losgeschickt, um

Wodka zu kaufen, wenn sie selbst zu besoffen dafür war.« Katja riss sich von ihren Überlegungen los, die sich um ölverschmierte, verkeilte, funktionsuntüchtige Motorteile drehten, und fragte: »Lebt sie noch?« »Nein«, sagte Mirko traurig. »Ist gestorben, vor zwei Jahren.« Er rollte den rechten Ärmel der schwarzen Bomberjacke hoch und entblößte seinen Unterarm. Dort hatte er ein Datum eintätowiert: *2.3.1936*. »Hab ich mir damals machen lassen«, erklärte er. »Ist ihr Geburtsdatum.«

Katja betrachtete die verschnörkelten Ziffern. »Schön«, sagte sie. »Du hast sie wohl sehr geliebt.« »Ja«, seufzte Mirko. »Bin bei ihr aufgewachsen. Meine Mutter hat mich nach der Geburt weggegeben. Mein Vater ist Kosovo-Albaner, ich kenne ihn nicht. Meine beiden Halbbrüder sind dumm im Kopf, mit denen will ich nichts zu tun haben. Sie war meine Familie.«

»Tut mir leid für dich, dass sie gestorben ist«, sagte Katja. Mirko zuckte mit den Schultern. »Sie hat versucht, sich umzubringen, zweimal. Beim zweiten Mal ist sie zu lang am Strick gegangen und hat nicht genug Luft bekommen. Irgendetwas ist da in ihrem Kopf kaputt gegangen. Sie war nicht mehr dieselbe danach. Alzheimer oder so. Drei Jahre später ist sie gestorben. Da war ich 19.«

Er hatte sein Bier ausgetrunken und zerdrückte die Dose zwischen den Händen. »Sie hat mir Altslowenisch beigebracht«, sagte er. »Das kann heute keiner mehr in Slowenien. Ist schade. Eine schöne Sprache. Dem Deutschen sehr ähnlich.« »Hast du von ihr auch Deutsch gelernt?«, fragte Katja. »Nein«, sagte Mirko. »Das hab ich in Südtirol gelernt. Hab dort gearbeitet, fast zwei Jahre. Scheiß Brixen. Da haben sie mich mal zusammengeschlagen.« Er rollte den zweiten Ärmel seiner Jacke auf und zeigte Katja seinen linken

Unterarm. Dort stand mit schwarzer Tinte in die Haut geschrieben: *Bellum omnium contra omnes.* »Kennst du das?«, fragte er. »Von Hobbes. Ein Philosoph.« »Ja«, sagte Katja. »Der Krieg als Naturzustand.« »Jeder gegen jeden«, sagte Mirko und grinste stolz.

3
Pain Love
Love Weed
Don't Cry
Auf der grünen Fassade des ehemaligen Militärverwaltungsgebäudes waren in der Nacht sechs Wörter aufgetaucht. Sie wurden mit grellgelber Farbe über einen der rosaroten Kalmare gesprüht und ihr Autor war in Eile gewesen, während er schrieb, denn die Buchstaben zeigten sich verwackelt und schief. Katja war in die Betrachtung des Gedichts vertieft und hing dem Echo nach, das die drei Zeilen in ihrem Kopf hinterließen, als Mirko sie mit den Worten »Ich mag den Tod« aus ihren Überlegungen riss. »Die Vorstellung, tot zu sein, finde ich schön.« Er schlürfte geräuschvoll an seinem Kaffee. Katja kehrte nur ungern aus ihren Gedanken zurück und strich sich ein wenig überfordert eine dunkle Strähne aus dem Gesicht. »Ich nicht«, sagte sie dann. »Ich meine, ich möchte nicht von Würmern zerfressen werden«, plapperte Mirko weiter. »Das fände ich eklig. Aber verbrennen wäre gut. Ich hätte gerne, dass mein Körper zu Asche wird.« »Warum machst du dir über solche Dinge Gedanken?«, fragte Katja. »Du weißt nie, wann es so weit sein wird.« Mirko gab sich vergnügt. »Es ist gut, mit der Vorstellung des Todes im Reinen zu sein, weil wenn er dich dann holt, dann musst du dich nicht fürchten.« »Das kannst du im Vorhinein nicht wissen«, widersprach Katja. »Egal, wie oft du übers Sterben

nachdenkst, wie du dann wirklich damit klarkommen wirst, das lässt sich nicht sagen.« »Kommt vielleicht drauf an, wie du stirbst«, sagte Mirko. »Ob dich ein Auto niederfährt, dich der Krebs zerfrisst oder du an einer Überdosis krepierst. Und wie stark du dann im Kopf bist. Ich hab mich darauf vorbereitet und könnte jederzeit gehen. Egal, ob es heute, morgen oder in dreißig Jahren ist. Ich werde mit einem Lächeln auf den Lippen sterben.« Katja schüttelte unwirsch den Kopf. Das Gespräch ermüdete sie und eigentlich hatte sie Dringlicheres zu tun, als mit Mirko über den Tod zu philosophieren. Sie hatte noch immer nicht rausgefunden, wie das Motoröl an den neuen Kolbenringen vorbei in die Brennkammer gelangen konnte. »Ich glaube, du hast Angst vor dem Tod«, stellte Mirko fest und störte abermals ihre Überlegungen. »Es deprimiert mich eben, darüber nachzudenken«, entgegnete Katja genervt. »Weil du denkst, dass Sterben etwas Schlimmes ist«, belehrte sie Mirko. »Aber hast du schon mal einem Toten ins Gesicht gesehen? Ich schon, einem Junkie, der ist auf der Straße krepiert. War nicht meine Schuld, von mir hatte er das Zeug nicht, ich verkaufe nur gute Qualität. Aber selbst der hat glücklich ausgesehen, er war froh, dass sein verdammtes Leben zu Ende gegangen ist.« »Schau mal, Mirko, manche Menschen finden ihr Leben schön«, sagte Katja gereizt. »Findest du dein Leben schön?« Mirko zeigte sich ehrlich verwundert. Katja seufzte und blieb ihm eine Antwort schuldig.

»Wo ist eigentlich deine Freundin?«, wechselte Mirko das Thema. »Schläft«, brummte Katja.

»Die schläft ganz schön viel, oder nicht?« Mirko kicherte. Katja gab ihm recht und fühlte sich trotzdem bemüßigt, Isa zu verteidigen. »Und wenn schon – dir würde ein bisschen mehr Schlaf bestimmt auch gut tun.« »Na, ich würde auch nicht aufstehen wollen, wenn ich so ein gemütliches Auto hätte wie ihr«, sagte Mirko versöhnlich. »Ich würde bis ans andere Ende der Welt reisen, mit so einem Auto«, redete er weiter. »Immer Richtung Osten. Bis nach China. Und dann einen Spaziergang auf der Chinesischen Mauer machen.« Er gluckste. »Unser Auto ist aber kaputt«, erwiderte Katja. »Das fährt nirgendwo mehr hin und am allerwenigsten nach China.« »Ich würde mir natürlich ein besseres kaufen«, sagte Mirko wie selbstverständlich. »Ich hab genug Geld in den letzten Monaten gespart, es würde für drei von der Sorte reichen.«

Katja zog spöttisch die Brauen hoch. »Und warum kaufst du dir dann keines?« »Mir fehlt das Mädchen dazu«, seufzte Mirko theatralisch. »So ein Hippieleben macht keinen Spaß ganz allein.« »Hm«, brummte Katja. »Ist hier nicht so leicht mit den Mädchen«, erklärte Mirko. »Wenn ich ausgehe, sage ich immer, ich wäre aus Wien. Dann kommen die Frauen gelaufen, weil sie glauben, sie könnten das Geld in meinen Hosentaschen klimpern hören.« »Und – bringt's was?«, fragte Katja skeptisch. »Na ja, die große Liebe war noch nicht dabei.« »Vergiss das, die große Liebe«, sagte Katja. »Weißt du«, Mirkos Stimme bekam einen düsteren Klang, »hier in Slowenien haben junge Menschen keine Zukunft. Wenn du bei McDonald's arbeitest, kriegst du vier Euro die Stunde. Und alle reißen sich um den Job. Das ist viel Geld bei uns. In Wirklichkeit ist es nichts.« »Scheiße«, sagte Katja. »Ja, Scheiße, Mann.« Mirko hörte sich schon wieder unbekümmert an. »Aber mir ist das egal. Ich verdien gut an meinen Drogen.« Katja versuchte, ihrer Stimme die Befangenheit zu nehmen. »Verkaufst du viel?« »Und wie«, sagte Mirko stolz. »Meine Kunden vertrauen mir. Ich verkauf keinen Scheiß. Mein Zeug hat gute Qualität. In den letzten Monaten habe ich mir 10.000 Euro auf die Seite gelegt. Ich meine, klar, Drogenverkauf bleibt Risikogeschäft, aber der Umsatz, der stimmt.« Er machte eine Pause und stellte seine leer getrunkene Tasse auf den Asphalt. »In Metelkova wollen viele ihr Geschäft machen«, sagte er dann. »Ist ein hartes Pflaster für den Verkauf. Die Drogenbosse streiten sich um diesen Platz, für die geht es um richtig viel Geld. Es war nicht leicht am Anfang, aber ich hab es allen gezeigt. Jetzt bin ich unabhängig und werde respektiert.«

Sie schwiegen und Mirko zündete sich eine Zigarette an. »Habt ihr Lust, euch was dazuzuverdienen?«, fragte er beiläufig. »Du meinst – mit Drogen?« In Katjas Stimme schwang ein Anflug von Empörung mit. »Ja, mit ein paar Tipps ist es nicht so schwierig«, sagte Mirko unbekümmert. »Können auch Anfängerinnen probieren.« »Nein!«, sagte Katja brüsk. »Nein, sicher nicht!« Mirko legte den Kopf schief und blies eine Rauchwolke aus seinem Mund. »Kein Grund, Stress zu kriegen«, kicherte er. »Habe es nur nett gemeint. Schließlich steht ihr schon ganz schön lange hier und esst nichts anderes als Toastbrot.« »Und?«, knurrte Katja unwirsch, denn daran brauchte sie wirklich niemand zu erinnern. »Ist nicht dein Problem.« »Schaffst du es, das Auto zu reparieren?« »Vielleicht«, sagte Katja. »Nehmt ihr mich dann mit?« Mirko bekam auf einmal einen flehenden Ausdruck in seinem Gesicht. »Ich muss hier weg.« Katja betrachtete ihn verblüfft. Auf diese Bitte war sie nicht gefasst gewesen. »Ich gehe euch auch nicht auf die Nerven«, beeilte sich Mirko zu versichern. »Ich finde mir überall Freunde. In Wien gibt's doch viele Jugos, da komme ich bestimmt gleich unter.« Katja fummelte an ihrer Brille herum. Erwartungsvoll suchten Mirkos Kulleraugen ihren Blick. Sie dachte gar nicht daran, mit ihm im Gepäck die Grenze zu überqueren, aber sie wollte seinen kindlichen Eifer auch nicht enttäuschen. »Ich glaube nicht, dass das geht«, sagte sie schließlich und schämte sich dafür, wie lahm es klang.

4

Isa lag mit aufgerolltem Shirt auf der Bank, ließ sich die goldene Septembersonne auf ihren blassen Bauch scheinen, Mirko saß neben ihr auf dem Boden und schnitzte mit seinem Taschenmesser an einem Stück Holz herum, als hustend und spuckend der Motor des Autos startete. Mirko hob den Kopf und legte sein Messer zur Seite, Isa setzte sich auf und schob sich die Sonnenbrille in ihre Haare. Freudestrahlend taumelte Katja aus der Fahrerkabine und schleuderte ihre Arme in die Höhe. »Ich hab's geschafft, ich hab's geschafft!« Sie hüpfte vor Begeisterung auf und ab. Isa stand auf, ging langsam zum Auto und legte schüchtern ihre Hand auf die Motorhaube, als müsste sie die Vibration der Maschine spüren, um das Unfassbare glauben zu können. »Es war nicht der Übergang zwischen Zylinder und Zylinderkopf, wo es rausgeronnen ist, sondern eine undichte Naht am Stößelrohr. Das Stößelrohr ist nagelneu, aber die Schweißnaht hatte einen halben Zentimeter langen Spalt und von dort ist das Öl gegen das Luftleitblech geschwappt und in den Kühlluftstrom getropft und hat sich überall verteilt«, erzählte Katja aufgeregt. »Und das bedeutet was?«, fragte Isa. »Wir fahren!« Katja grinste über beide Ohren. »Wir können morgen los, wenn du willst!« Isa stieß einen Jauchzer aus und schlang ihre Arme um Katjas Hals. »Du bist die Beste«, rief sie und drückte ihr einen Kuss auf die Lippen, »das hast du toll gemacht.« Mirko wandte mit grimmigem Blick sein Gesicht von den beiden ab und nahm das Schnitzen wieder auf. »Lasst uns trinken gehen«, schlug Katja gut gelaunt vor.

»In eine Bar, ich lade euch ein!« Weil Mirko nicht reagierte, rief sie: »Mirko, du auch!« »Na ja, ich weiß nicht«, murmelte Mirko und hob nicht mal seinen Blick, als sich Katja vor ihn stellte. »Komm schon, du machst wohl Scherze«, neckte sie ihn. »Ich geb eine Runde aus und du sagst nein?« »Ich bin ja kein Säufer«, knurrte Mirko und schnitzte weiter. Katja legte ihre Hand auf seine Schulter. »Komm schon, Mirko«, sagte sie. »Lass uns feiern gehen!« »Ja, ist ja schon gut«, seufzte er und steckte das Stück Holz und sein Messer ein.

An diesem spätsommerlichen Nachmittag tummelten sich in den Altbaugassen Ljubljanas Touristen wie Einheimische, um die letzten warmen Sonnenstrahlen zu genießen, die auf die fauchenden und flügelschlagenden Drachenstatuen aus grünem Kupferblech fielen und sich glitzernd in den Bugwellen der Panoramaschiffe auf der Ljubljanica spiegelten. Sie flanierten über die Einkaufsmeilen, lauschten den zarten Klängen, die den Saiten der Violine eines Straßenkünstlers entwichen, und tranken im Schatten der Birken und Weiden leuchtend roten *Aperol gespritzt*. Katja und Isa folgten Mirko, der mit zielsicheren Schritten die barocke Altstadt hinter sich ließ und sie in eine Gegend führte, wo schmucklose Plattenbauten der 70er Jahre und moderne Wohngebäude dominierten. Sie gingen zu einer Bar namens *Smaug* und setzten sich an einen Tisch ins Freie. Katja bestellte eine Runde Bier und Mirko trank sein Glas mit unverändert grimmigem Gesicht. Erst mit dem zweiten Getränk besserte sich seine Laune und er wurde gesprächig. Er erzählte über wilde Schlägereien (»... fünf Tage bin ich im Krankenhaus gelegen – im Koma – und all das nur, weil mein Freund *scheiß Kebab* gesagt hat ...«), ein Jobangebot in einem tunesischen Hotel (»... für 350 Euro arbeite ich sicher nicht ...«), dass er in einem Kohlebergwerk geschuftet hätte (»...

dort gibt es acht verschiedene Gase – die alle tödlich sind ...«), zweimal einen Marathon gelaufen sei (»... Scheiße, 47 Kilometer ...«) und einmal mit Freunden in Italien ein Lama entführt und mit in die Disko genommen hätte (»... ich liebe Lamas ...«). Nach dem dritten Bier gab Mirko eine Runde Slibowitz aus seinem Flachmann aus und flüsterte: »Ich bin übrigens bi – aber ich lutsch nicht. Lutschen tu ich nicht.« Und Mitternacht war schon vorbei, als er fragte: »Was ist, gehen wir tanzen?« Isa schnitt eine Grimasse. »Ich bin müde«, murrte sie. »Nimm Speed«, sagte Mirko. »Ich hab genug!« Er steckte seine Hände in die Jackentaschen und begann zu kramen. »Nein, danke«, wehrte Isa fast hysterisch ab, »sicher nicht!« »Warum nicht?«, fragte Mirko verwundert. »Ich brauche Schlaf und kein Speed.« Isa rollte ihre Augen. »Du schläfst doch den ganzen Tag«, kicherte Mirko. Isa schickte ihm aus zusammengekniffenen Augen einen bösen Blick. »Ich versteh das nicht«, sagte Mirko. »Ich meine, manche Leute kiffen sich weg, aber Speed nehmen sie nicht, weil Speed ist eine harte Droge – und harte Drogen, die nehmen wir nicht.« Er hob theatralisch seine Hände. »Aber hart oder weich – auf Gras werden auch manche verrückt.« Er tippte sich an die Stirn. »Passiert alles in deinem Kopf, da musst du stark sein.« Katja zahlte und sie verließen zu dritt die Bar und zogen, trotz raunzender Isa, weiter in einen Club, der *Circus* hieß. Vor dem Eingang standen junge Partygäste Schlange und der überdimensionale Kopf eines Clowns blinkte in bunten Lichtern. Während sie in der Schlange warteten, flüsterte Mirko Katja ins Ohr: »Wenn ihr mich mitnehmt, dann steck ich mir 20 Gramm in den Arsch. Auch hundert, wenn's sein muss. Das Geld aus dem Verkauf teilen wir.« Katja nahm Mirkos Arm und drückte ihn. »Das geht nicht«, sagte sie traurig. Im Club spielte es Techno, es war heiß und eine Menge los, Mirko tauchte auf der Tanzfläche ab und kehrte nicht mehr zurück. Eine Stunde später gingen Katja und Isa, ohne sich von ihm verabschiedet zu haben.

5

In Wien angekommen, empfing Katja und Isa der Herbst. Sie sahen zu, wie die Blätter der Bäume zuerst gelb, dann braun wurden und schließlich zu Boden segelten. Die Prater-Allee war übersät mit den stacheligen Schalen der Kastanien und die Sonne ließ sich nur noch selten blicken, graues, nasskaltes Wetter stellte sich ein. Katja dachte kaum noch an Metelkova zurück, die Abenteuer des Sommers schienen weit entrückt, und fast vergessen war die grüne Fassade des ehemaligen Militärverwaltungsgebäudes mit den rosaroten Kalmaren. Umso überraschter war Katja Mitte Oktober über eine Nachricht auf Facebook. »Ich komme nach Wien«, schrieb Mirko. »Wir sind zu zweit und brauchen einen Platz zum Schlafen. Nur eine Nacht.« Katja überlegte den ganzen Tag, ob sie die Nachricht ignorieren oder eine Antwort schreiben sollte. Am Abend erzählte sie Isa davon.

»Du denkst doch hoffentlich nicht darüber nach, ihn einzuladen?«, fragte Isa entsetzt. »Wer weiß, was der alles bei sich hat. Der macht hier sicher seine Drogengeschäfte.« Katja gab Isa recht und schickte Mirko trotzdem noch in derselben Nacht die Adresse ihrer Wohnung. Isa war nicht zu Hause, als Mirko am nächsten Tag klingelte und Katja klopfenden Herzens öffnete.

»Hallo«, sagte Mirko und grinste verlegen. Hinter seinem Rücken trat ein Mädchen mit zartgeschnittenem Puppengesicht und blonden Korkenzieherlocken hervor. »Das ist Amily«, stellte Mirko sie vor, »meine Freundin.« Mirko und sie hatten sich in der Nacht, bevor Katja und Isa Ljubljana verließen, im Circus kennengelernt und sich sofort ineinander verliebt. Amily kam aus Birmingham. Sie hatte gerade die Schule abgeschlossen und war den ganzen Sommer per Anhalter durch Europa gereist. Jetzt wollte sie mit einem Studium für Bildhauerei beginnen. Mirko und sie würden erst mal zu ihren Eltern ziehen. Die seien selber Künstler und hätten, im Vergleich zu anderen Eltern, ziemlich viel Verständnis. Morgen Vormittag ging ihr Flieger von Wien-Schwechat ab. »Endlich!«, sagte Mirko und strahlte. »Endlich komm ich weg!« Katja richtete ihnen das Sofa zum Schlafen her und sie tranken eine Flasche Wein und teilten sich Mirkos letzten Joint, bevor sie schlafen gingen. Als Katja am nächsten Tag aufstand, waren Mirko und Amily schon gefahren. Vor dem Sofa stand ein Paar zerkratzter Rollschuhe. *Für Katja* hatte Mirko mit schiefer Schrift auf einen Zettel gekritzelt.

DIE FISCHFRAU	7
DER KAUZ	21
DAS PARADIES	35
DIE MALERIN	51
ROSAROTE KALMARE	89
LA MINA	109
BORSCHTSCH	119

LA MINA

Stotternd und spuckend holperte der rote VW-Bus über den von Schlaglöchern durchzogenen Parkplatz. Hinter sich wirbelte er eine braune Staubwolke auf und seine Motorhaube wankte bei jeder Bodenunebenheit auf und ab wie der stromlinienförmige Bug eines Schiffes auf unruhiger See. Anton bremste gerade noch rechtzeitig, brachte das Auto vor dem schlanken, verharzten Stamm einer Pinie zum Stehen und drehte den Schlüssel in der Zündung um. Die rot blinkende Kühlwasseranzeige erlosch. Heulend kühlte der heiße Motor ab. Durch die von Insektenleichen verschmierte Windschutzscheibe sah Katharina, wie dunkle Rußwolken über den zerbombten Dächern von La Mina aufstiegen.

Anton schnaufte. Er hatte seine Brille abgesetzt und putzte die verstaubten Gläser mit einer Falte seines ebenso staubigen T-Shirts. Auch auf seinen dichten, verknoteten Haaren lag eine zentimeterdicke Schicht Staub. Er war in den letzten Wochen grauer geworden, stellte Katharina mit stillem Bedauern fest. Sie öffnete die Beifahrertür und ließ sich von ihrem Sitz ins Freie gleiten. Der Boden war mit weichen Piniennadeln bedeckt. Die Luft schmeckte überraschend klar und frisch. Wie durch ein Wunder hatten es die giftigen Schwefelwolken, die die Stadt in Schwaden durchzogen, nicht bis hierher geschafft. Neben ihnen parkte ein dunkler, zerkratzter Seat Leon und in etwa fünfzig Metern

Entfernung stand ein weißer Trailer. Seine eingeschlagenen Fensterscheiben waren notdürftig mit Pappe überklebt. Leerstehende Backsteinbauten und ein vereinsamter Basketballplatz zierten die Rückseite des Parkplatzes. Zu Katharinas Linken führte eine Böschung hinab in brachliegendes Grünland. Davor erstreckte sich die mehrspurige Avenue d'Eduard Maristany, auf der weit und breit kein Auto zu sehen war.

Im Seat begann sich etwas zu regen. Gebannt sah Katharina zu, wie zuerst ein schwarzer Lockenkopf unter dem Handschuhfach des Beifahrersitzes erschien und dann hinter der getönten Fensterscheibe das neugierig blinzelnde Gesicht einer jungen Frau auftauchte, die schließlich ganz aus ihrem Versteck krabbelte und die Autotür mit den Füßen aufstieß. »Komm raus, Victor!«, rief sie, und plötzlich richtete sich die sehnige Gestalt eines jungen Mannes auf, der seinen langen Körper auf der Rückbank zusammengefaltet hatte, nun ebenfalls aus seinem Versteck kletterte und sich verlegen seine Baseballkappe auf dem Kopf zurechtrückte. Anton war an Katharinas Seite gekommen, er kaute auf einem Stück Pinienholz, das ihm als Zigarettenersatz diente, seit die letzte Packung Marlboro aufgeraucht war, und zu viert standen sie einander gegenüber und musterten sich. »Ich bin Andrea«, unterbrach schließlich der Lockenkopf das Schweigen. »Und das ist Victor. Wir parken schon zwei Wochen hier.«

»Anton und Katharina«, nuschelte Anton wegen dem Stück Holz in seinem Mund. »Wir sind von Sant Andreu gekommen.« »Was?«, rief Andrea entgeistert. »Wie habt ihr denn das geschafft?« Victor riss die Augen auf. »Alle Straßen sind gesperrt!« »Wir hatten viel Glück.« Anton zuckte mit den Schultern. »Und einen der Wachen mit einer Wasserflasche bestochen.« »Respekt!«, sagte Victor. »Wahnsinn«, stimmte ihm Andrea zu und schüttelte ungläubig den Kopf. »Ihr müsst einen guten Schutzengel haben.« Katharina nickte. Sie hielt ihren schlanken, beinahe mageren Körper, der ihr ein mädchenhaftes Aussehen verlieh, krampfhaft gerade und hatte die Arme vor ihrer Brust verschränkt. »Dieser Parkplatz ist sicher?«, fragte sie dann. »Oh ja«, strahlte Andrea. »Wir stehen schon zwei Wochen hier und wurden noch von niemandem belästigt. Keine Patrouillen, keine Räuberbanden, keine Kämpfe, das spielt sich alles auf der anderen Straßenseite in La Mina ab. Ich weiß nicht, warum, aber sie haben diesen Platz scheinbar vergessen. Als wäre er ein weißer Fleck auf der Stadtkarte.«

»Dort vorne, wo es grün ist, befindet sich ein kleiner Bach.« Victor zeigte ins Brachland. »Er ist fast versiegt, aber bis jetzt hat das Wasser gereicht.« »Gott sei Dank«, seufzte Katharina. »Wir haben der Wache unsere letzte Flasche geschenkt.« Andrea machte einen Schritt auf Katharina zu und fasste ihren Arm. »Jetzt ist alles gut«, sagte sie. »Ihr seid erst mal in Sicherheit.«

»Im weißen Anhänger.« Anton zeigte auf den Trailer. »Wohnt dort wer?« Victor und Andrea tauschten einen Blick aus. »Der gehört Martin«, sagte Victor dann, »er ist Deutscher und hier gestrandet, so wie wir.« »Seine Freundin hat ihn verlassen«, raunte Andrea. »Die hat einfach sein Auto genommen und ist davongefahren. Es geht ihm nicht besonders gut.« »Verständlich«, sagte Victor. Andrea zögerte. Dann sagte sie in leisem Ton: »Er ist ein bisschen komisch. Das mit der Freundin …« Sie stockte und suchte nach Worten. »Hat ihn gezeichnet«, vollendete Victor den Satz. »Ein Eigenbrötler«, sagte Andrea. »Die Umstände …« »Aber harmlos«, ergänzte Victor. »Er wird schon in Ordnung sein«, schloss Katharina das Gespräch ab. »Wir sind alle nicht mehr die, die wir mal waren.«

Während der Boden durch die schwere Munition, die zwischen den Wohnhausskeletten von La Mina explodierte, dröhnte und der beißende Geruch von Schießpulver ihre Augen tränen ließ, gingen Katharina und Andrea zu dem Bach, der kaum mehr als ein braunes und beinahe im Grund versickertes Rinnsal war. Sie schöpften Wasser in eine Schüssel ab, pflückten vertrocknete Stauden und kümmerliche Wiesenblumen und kehrten damit zum Parkplatz zurück. Victor und Anton hatten in der Zwischenzeit Decken auf dem Boden ausgebreitet und mit Hilfe der trockenen Pinienzapfen ein Feuer gemacht. Die Dunkelheit brach über das Land und die Lichter der hoch aufragenden Schornsteine von Sant Adrià de Besòs blinkten rot in der Nacht, als Andrea die Stauden wie Spinat garte und aus den Wiesenblumen einen Tee brühte. Anton spießte Toastbrot auf Stöcke und röstete es über den Flammen. Vom Duft des Essens angelockt, tauchte schließlich auch Martin auf. Das rote Haar, das seine hagere Gestalt zierte, glänzte wie Bronze im Schein des Feuers.

Die fünf Gestrandeten saßen auf Decken und aßen schweigend, darauf bedacht, jeden Bissen so lange wie möglich im Mund zu behalten, damit er sich nach mehr anfühlte, als er tatsächlich war. Sie hatten alle gelernt, sich selbst zu betrügen und ihren wütenden Hunger mit List anstatt Nahrung zu stillen.

Victor war als Erster mit seiner Portion fertig und stellte den leeren Teller ab. »Ich habe vergessen, wie Marihuana schmeckt«, sagte er, an den Stamm einer Pinie gelehnt. Andrea seufzte auf. »Wie lange ist das her, dass uns die Italiener etwas abgegeben haben?« »Letztes Jahr sind wir aufs

Rototom gefahren.« Victor drehte sich zu Anton und Katharina. »Wir hatten das ganze Auto voller Gras. Mit 6.000 Euro in den Taschen sind wir zurückgekommen.« »Alle Achtung«, sagte Anton. »Habt ihr selber angebaut?«, fragte Katharina. »Ja«, antwortete Victor. »Bei uns zu Hause in Marbella. Ist das ideale Klima. Drei Ernten pro Jahr.« »Wir kommen aus Wien«, sagte Katharina. »Ein Jahr ist es her, da haben wir die Wohnung aufgelassen und bis auf zwei Kisten all unser Zeug verkauft. Was uns geblieben ist, haben wir ins Auto gepackt und sind losgefahren. Wir wollten einfach blaumachen. Von Spanien nach Marokko und dann – wir hatten keinen Plan.« »Dann kam alles anders«, sagte Anton leise. »Das Planen hab ich aufgegeben«, erklang zum ersten Mal die dünne, lispelnde Stimme von Martin.

Victor stand auf, ging zum Kofferraum seines Seats und kehrte mit einer Plastikflasche klarer Flüssigkeit zurück. »Ich habe noch Schnaps«, flüsterte er verschwörerisch. »Ist nicht mehr viel, aber ein Schluck für jeden geht sich aus.« »Und das verheimlichst du mir!«, rief Andrea vorwurfsvoll. »Wollte ich aufheben«, sagte Victor, »für einen besonderen Moment.«

Victor schenkte in den Stöpsel der Plastikflasche Schnaps ein und reichte ihn an Katharina weiter, doch die schüttelte den Kopf und hob abwehrend ihre Hände. »Ich kann nicht«, sagte sie. »Warum?« Andrea riss die Augenbrauen hoch. Katharina strich sich mit einer verlegenen Geste die langen brünetten Haare hinter ihre etwas abstehenden Ohren. »Ich bin schwanger«, sagte sie dann.

Andrea stieß einen spitzen Schrei aus, stürzte auf ihren Knien gefährlich knapp am Feuer vorbei und fiel Katharina so stürmisch in die Arme, dass diese beinahe umgefallen wäre. Überrumpelt vom jähen Gefühlsausbruch, ließ Katharina die Umarmung unbeteiligt über sich ergehen und zog die Mischung aus Rauch und Schweiß, die Andreas Körper umfing, tief in ihre Nase ein.

»Gratuliere.« Andrea löste sich aus der Umarmung. »Ich freue mich für euch.« »Danke«, sagte Katharina. Sie blickte zu Anton, der ungeschickt grinste. Victor rückte sich seine Baseballkappe zurecht. »Coole Sache«, rang er sich ab und gab Anton einen festen Schlag auf seine Schulter, sodass dieser ein Stück weit vor in Richtung Feuer kippte. Martin starrte angestrengt auf seine Schuhspitzen.

»Wünschst du dir einen Bub oder ein Mädchen?«, fragte Andrea und nahm Victor die Flasche mit dem Schnaps aus den Händen. »Ist mir egal«, sagte Katharina. »Dann spreche ich jetzt eine Prophezeiung aus!« Andrea schenkte sich ein und hob dann den Plastikstöpsel in die Luft. »Ich sage, dass es ein Mädchen wird!«, rief sie und stürzte sich, den Kopf in den Nacken gelegt, den Schnaps in die Kehle.

Als Anton und Katharina am nächsten Tag aus dem VW-Bus krabbelten und sich zum ersten Mal seit Wochen ausgeschlafen fühlten, hatten Victor und Andrea all ihre Sachen zusammengepackt und standen abfahrbereit vor dem Seat. »Wir haben beschlossen zu gehen«, sagte Victor. »Das Wasser im Bach reicht nicht für uns alle.« Ein dumpfes Gefühl von Entsetzen, das seinen Ausgang in ihrem Magen fand und dann den ganzen Körper erfasste, machte sich in Katharina breit. »Das könnt ihr doch nicht machen«, stammelte sie. »Ihr wart schließlich vor uns da und habt ein Anrecht auf diesen Platz.« Ihre Augen suchten Antons Blick, weil sie auf seine Unterstützung hoffte, doch der wirkte seltsam unbeteiligt. Andrea, die sich ein blaues Tuch als Turban um ihre Locken geschwungen hatte, nahm Katharinas Hand in die ihre und drückte sie fest. »Es ist schon entschieden«, sagte sie sanft, aber bestimmt. »Mach dir keinen Kopf.«

Im Trailer rührte sich nichts, Martin schlief noch oder tat zumindest so, während sich alle ein letztes Mal umarmten. Andrea drückte Katharina einen Zettel mit ihrer E-Mail-Adresse in die Hand. »Irgendwann wird das Internet wieder funktionieren«, sagte sie. »Und dann schreibst du mir, ob es ein Mädchen geworden ist.«

Anton hatte seinen Arm um Katharinas Schultern gelegt, als sie standen und schauten, wie der dunkelblaue Seat über den Parkplatz holperte, durch den geöffneten Schranken glitt, an der aufgelassenen Straßenbahnstation vorbei auf die Avenue d'Eduard Maristany bog und dahinter auf der Brücke beschleunigte. Und genau im selben Moment, indem sich das Auto zwischen Häuserskeletten und Trümmerbergen verlor, zischte, von Osten kommend, die Silhouette eines Fliegers über den Himmel. Beinahe lautlos zerschnitt die Drake die dünne Wolkendecke, und als sie sich senkrecht über La Mina befand, öffneten sich ihre Laderampen und ließen eine Bombe fallen auf das, was einmal eine Stadt gewesen war. Die Druckwelle riss Anton und Katharina von den Füßen, sie fielen zu Boden und fühlten, wie sich die Piniennadeln in ihr Gesicht drückten, während sie sich die Ohren zuhielten und das furchtbare Dröhnen der ächzenden Erde und der brechenden Mauerwerke trotzdem in allen Gliedern spürten.

Den ganzen Tag über schritt Martin den Parkplatz ab. Ruhelos drehte er Runde um Runde und führte dabei Selbstgespräche. Nichts konnte ihn dazu bewegen, innezuhalten und sich hinzusetzen. Am Abend gingen Anton und Katharina früh schlafen. Hinter zugezogenen Vorhängen lagen sie in der Dunkelheit des Autos und hörten einander atmen. Irgendwann ergriff Anton Katharinas Hand. »Ich glaube auch, dass es ein Mädchen wird«, flüsterte er und wandte das Gesicht zu Katharina, doch sie sagte nichts. Eine stille Frage entschwebte seinen Lippen und blieb über ihren Köpfen an der Autodecke hängen.

BORSCHTSCH

JÄNNER

Kateryna kam kurz nach Heiligabend, der in der ukrainischen Kirche am 6. Jänner gefeiert wird, in Wien an. Die Schwester hatte sie von ihrer Heimatstadt Uschhorod, die im Oblast Transkarpatien im westlichsten Zipfel der Ukraine liegt, über die slowakische Grenze gebracht. Sie hatten Glück gehabt, dass es so früh war und der müde Grenzposten ihr Auto nicht kontrollierte. Seit kurzem war es strengstens verboten, tierische Produkte in die EU einzuführen. Kateryna hatte sechs Kilogramm Schweinefleisch mit und die Plastikbeutel mit den geräucherten Blutwürsten, dem gesalzenen Rückenspeck und den gefrorenen Kotelettstücken nur notdürftig zwischen Socken und T-Shirts im Rucksack versteckt. In Košice verabschiedete sie sich von ihrer Schwester, stieg in den Reisebus ein und kam am frühen Abend in Wien Erdberg an.

»Ich bin Kateryna«, stellte sie sich keuchend vor, als ihr Babsi eine knappe Stunde später die Wohnungstür öffnete. »Schön, dass du da bist«, sagte Babsi und ließ die neue Mitbewohnerin herein. Kateryna ließ ihre Taschen von den Schultern gleiten und zu Boden fallen. Sie atmete schwer, mit pfeifender Lunge. Um ihre Stiefel sammelte sich eine graue Lache von geschmolzenem Schnee. »Wie war die Fahrt?«, fragte Clemens, der gerade, noch in seiner Pyjamahose, aus der Küche trat und in den Händen eine Tafel Schokolade hielt. »Mein Freund Clemens«, stellte Babsi ihn vor und blickte verlegen auf sein schmuddeliges Erscheinungsbild. »Er wohnt auch hier.« »Ich helfe dir mit dem Gepäck«, bot Clemens an, schnappte Katerynas Taschen und trug sie in ihr Zimmer. »Puh, sind die schwer«, sagte er, als er ins Vorzimmer zurückkehrte, wo Kateryna gerade den Mantel ablegte und ihre Stiefel aufschnürte. »Hast du da deine ganze Bibliothek eingepackt?« »Nein«, sagte Kataryna und schüttelte mit ernster Miene den Kopf. »Ich habe sechs Kilogramm Fleisch mitgebracht. Habt ihr ein Tiefkühlfach?« Clemens und Babsi tauschten einen Blick. »Ich seh mal nach, ob Platz drinnen ist«, sagte Babsi.

Babsi räumte den Blattspinat und die Marillenknödel von ihrer Oma in den Kühlschrank. Die Reste in den Wodkaflaschen, die sie für die letzte Party eingekühlt hatten, leerte sie in die Spüle. Dann nahm Babsi auf der Küchenbank Platz und schaute Kateryna dabei zu, wie sie die Plastikbeutel mit dem Fleisch im Tiefkühlfach verstaute. Babsi lebte seit zwei Jahren vegan, Clemens war immerhin Vegetarier.

Am nächsten Tag um acht Uhr morgens wachte Babsi vom Geklapper des Geschirrs in der Küche auf. Weil sie nicht mehr einschlafen konnte, schob sie Clemens' Gliedmaßen, die quer über ihren Körper ausgebreitet lagen, zur Seite und stand auf. Schon am Klo wehte ihr der Duft von gerösteten Zwiebeln und deftigen Würsten entgegen, und als sie die Küche betrat, um Kaffee aufzustellen, wusste sie auch, warum. Auf dem Herd stand der große Emailtopf, den Babsi nur zum Glühweinaufbrühen und Marmeladeeinkochen benutzte, bis zum Rand voll mit dampfender Suppe, auf deren blasenwerfender Oberfläche Fettaugen schwammen.

Während Babsi und Clemens in der Küche saßen und frühstückten – Babsi Haferbrei mit gehobeltem Apfel, Clemens Toastbrot mit Nutella – und beide in die Displays ihrer Smartphones vertieft waren, kam Kateryna, in weißem Schlafrock, die nassen Haare mit einem Handtuch zum Turban gedreht, aus dem Badezimmer zu ihnen dazu. »Guten Morgen«, sagte sie und zeigte auf den Suppentopf. »Ich habe Borschtsch gekocht. Das ist eine ukrainische Spezialität. Ihr könnt euch gerne nehmen.« »Danke«, sagte Babsi kühl, ohne vom Handy aufzusehen. Clemens hob den Kopf. »Was ist denn das – Borschtsch?«, fragte er interessiert. »Rote-Rüben-Suppe«, erklärte Kateryna, »mit Zwiebel, Wurst und Kraut.« »Schade«, sagte Clemens. »Ich bin Vegetarier.« »Ich kann dir die Wurst rausfischen«, bot ihm Kateryna an. »Wir essen aus politischer Überzeugung kein Fleisch«, erklärte Babsi kategorisch. »Auch wenn du die Wurst rausfischst, schmeckt die Suppe nach ausgebeuteten Tieren.« »Die Schweine sind vom Bauernhof meines Vaters«, sagte Kateryna und rieb nervös mit den Händen über den Frotteestoff ihres Schlafrocks. »Er hat sie selbst geschlachtet.«

»Na dann kann ich schon eine Ausnahme machen«, sagte Clemens beschwichtigend. »Ich koste gerne vom Borschtsch.« Kateryna strahlte. Babsi bedachte Clemens mit einem vernichtenden Blick.

Geräuschvoll schlürften Kateryna und Clemens den dampfenden Borschtsch. Babsi nippte an ihrem schwarzen Kaffee. »Heute habe ich einen Termin beim AMS«, erzählte Kateryna. »Sehr gut«, lobte Clemens, seine Lippen glänzten fettig. »Die ersten Bewerbungen habe ich auch schon abgeschickt«, sagte Kateryna. »Du bist fleißig«, stellte Clemens fest. »Ich brauche dringend Geld«, sagte Kateryna. »Hast du in der Ukraine nichts verdient?«, fragte Babsi. »Doch«, entgegnete Kateryna. »Ich war Englischlehrerin und habe umgerechnet 80 Euro im Monat gekriegt. Das ist nicht einmal wenig, denn im Westen verdienen wir besser als im Osten. Aber selbst in der Ukraine kannst du von 80 Euro im Monat nicht leben.«

FEBRUAR
Als Babsi am Morgen erwachte und sich den Weg zwischen der Daunendecke und Clemens ungeordneten Körperteilen aus dem Bett erkämpfte, wehte ihr der gewohnte Geruch vom ukrainischen Borschtsch entgegen. Nach dem Gang zum Klo tapste sie schlaftrunken in die Küche. Kateryna stand vor dem Herd und rührte im Suppentopf.

»Guten Morgen«, sagte Babsi und gähnte. »Guten Mo…« Katerynas Antwort ging in einem würgenden Hustenanfall unter, der ihren ganzen Körper beutelte. »Das klingt aber böse«, stellte Babsi fest. »Du solltest was dagegen nehmen.« Keuchend rang Kateryna nach Luft und drückte sich dabei die flache Hand auf die Brust. »Warst du beim Arzt?«, hakte Babsi nach. Kateryna winkte nur ab und räusperte den Schleim aus dem Hals. »Es geht schon«, sagte sie und setzte sich zum Tisch, wo ein aufgeschlagenes Schreibheft lag.

Babsi nahm ein kleines Reindl aus dem Schrank, füllte Haferbrei und Wasser ein und drehte die Gasflamme auf. »Vintschgerrrl«, hörte sie Kateryna sagen. »Kürbiskernweckerrrl, Grahamweckerrrl, Aborigineswecker rrl.« Babsi drehte sich irritiert um. Kateryna hob den Kopf aus ihrem Heft. »Ich habe heute ein Vorstellungsgespräch beim Ströck«, sagte sie. »Spreche ich das richtig aus – Weckerrrl?« Sie ließ dabei das *r* wie eine Spanierin aus Andalusien rollen. »Wir sagen eher *Weckal*, mit einem *a* am Ende«, sagte Babsi. »Weckal«, wiederholte Kateryna. »Weckal. Was ist das, ein Weckal?« »Ein kleines Stück Brot«, sagte Babsi und rührte im köchelnden Haferbrei um. »Weckal«, sagte Kateryna wieder. »Stimmt schon«, sagte Babsi ungeduldig und drehte die Gasflamme ab.

»Ich bin pünktlich, zuverlässig und mag den Umgang mit Menschen«, las Kateryna im prasselnden Stakkato einer Gewehrsalve aus dem Schreibheft vor. Babsi kratzte den Haferbrei in eine Schüssel und setzte sich zum Tisch. »Mit stressigen Situationen komme ich gut zurecht.« Babsi schob sich einen Löffel Haferbrei in den Mund. »Darf es sonst noch etwas sein?« Babsi schluckte. Kateryna seufzte und schlug ihr Heft zu. »Ich habe alle Produkte auswendig gelernt, die auf der Webseite vom Ströck stehen«, sagte sie und rezitierte dann: »Topfenkolatsche, Vanillebuchtel, Mürbe Schnecke.« »Wird schon gut gehen«, sagte Babsi in der Hoffnung, dass Kateryna endlich schwieg. »Ich kann nicht schon wieder eine Absage kriegen«, sprach Kateryna weiter. »Jeden Tag erzähl ich meinen Eltern neue Lügen, wenn wir skypen. Sie warten darauf, dass ich bereue, meine Stelle als Lehrerin aufgegeben zu haben, und nach Uschhorod zurückkehre.« Kateryna stand auf und lüftete den Deckel über dem Suppentopf. »Du kannst dir übrigens auch vom Borschtsch nehmen«, sagte sie dann. »Da ist heute keine Wurst drin.« Babsi hob überrascht den Kopf. Hatte Kateryna gar ihren maßlosen Fleischkonsum überdacht? »Ich habe schon alles aufgebraucht, was ich von zu Hause mitgebracht habe«, sagte die Ukrainerin mit Wehmut in der Stimme.

MÄRZ

Babsi wachte auf, weil sie die Sonnenstrahlen auf der Nasenspitze kitzelten. Clemens schlief mit dem Gesicht zu ihr gewandt, aus seinem geöffneten Mund lief Sabber auf den Polster. Darüber schmunzelnd, kletterte sie über seinen Rücken aus dem Bett. Schon auf dem Gang zum Klo fiel

Babsi auf, dass heute etwas anders war. Aber erst in der Küche, wusste sie, was sich verändert hatte. Zum ersten Mal, seit Kateryna in die Wohnung eingezogen war, stand heute Morgen kein brodelnder Borschtsch auf dem Herd.

Kateryna saß am Tisch und hatte den Kopf in ihr Schreibheft vergraben. »Warum hast du heute keine Suppe gekocht?«, fragte Babsi. Für gewöhnlich störte sie der Geruch von gerösteten Zwiebeln und salziger Maggiwürze in aller Früh, doch heute ging er ihr ab.

Ohne den Kopf zu heben, murmelte Kateryna ein paar unverständliche Worte. Babsi runzelte die Stirn. »Bist du krank?«, fragte sie ein wenig besorgt. »Es geht mir gut«, sagte Kateryna und schaute auf. Ihr trauriger Blick strafte ihre Worte Lügen. »Hast du schon gefrühstückt?«, fragte Babsi. »Kein Hunger«, sagte Kateryna. »Ich kann dir ein bisschen Haferbrei machen, wenn du willst«, bot Babsi an, und nachdem sie keine Antwort bekam, rührte sie zwei Portionen vom Pulver in die doppelte Menge Wasser ein. Schweigend wartete sie, bis der Brei zu blubbern begann, dann teilte sie ihn auf zwei Schüsseln auf und stellte eine vor Kateryna auf den Tisch. »Hast du Zucker?«, fragte die, ohne gekostet zu haben. In den Untiefen ihres Lebensmittelschrankes machte sich Babsi auf die Suche nach Zucker. Bei den Backzutaten fand sie eine ungeöffnete Packung. »Danke«, sagte Kateryna und häufte sich drei große Esslöffel in ihren Brei.

Schweigend aßen sie. »Wie läuft es mit der Jobsuche?«, fragte Babsi irgendwann, weil sie die lähmende Stille nicht mehr ertrug. Kateryna lachte hysterisch auf und ihre sich überschlagende Stimme verebbte in einem krampfartigen Glucksen, das klang, als würde sie weinen. »Frag nicht«, sagte sie dann. »Du hast doch so fleißig für das Bewerbungsgespräch beim Ströck geübt«, sagte Babsi. »Sie haben gesagt, mein Deutsch sei zu schlecht«, antwortete Kateryna. »Ich darf mich in zwei Monaten wieder bewerben. Aber bis dahin bin ich auch nicht besser.« »Und bei all den anderen Vorstellungsgesprächen?«, fragte Babsi. »Es gibt zu viele Leute, die in Wien nach einem Job suchen«, erwiderte Kateryna düster. »Auf jedes Inserat kommen fünfzig Bewerbungen. Die Arbeitgeber schrauben die Anforderungen hoch. Nicht mal bei McDonald's gibt es freie Stellen. Meine Eltern hatten recht. Ich hätte meinen Job in der Schule nicht kündigen sollen. Es wäre klüger gewesen, einfach in Uschhorod zu bleiben, anstatt in Wien den letzten Cent rauszuschmeißen.«

»Sag doch so etwas nicht«, sagte Babsi, von Katerynas Verzweiflung angesteckt. »Du musst mal auf andere Gedanken kommen. Heute Nachmittag hätte ich Zeit, etwas zu unternehmen, hast du Lust?« »Geht nicht«, sagte Kateryna. »Mein AMS-Betreuer hat mich zu einem Probearbeiten in den 22. Bezirk geschickt. Für eine Stelle als Tellerwäscherin in einem Gasthaus. Ich weiß, dass ich die Stelle nicht krieg – mit meinem Lebenslauf. Aber ich muss trotzdem hin.«

Den ganzen Tag über plagte Babsi das schlechte Gewissen. Sie hatte das Gefühl, als Mitbewohnerin versagt zu haben. Warf sich vor, dass sie übersehen hatte, in welch finanzieller Notlage sich Kateryna befand, wie es um ihren bösen Husten stand und dass es ihr nicht gut ging hier in Wien. Doch als sie abends nach Hause kam, wurde sie überrascht. Kateryna und Clemens saßen in der Küche beisammen, hörten laute Musik und tranken Rotwein aus der Dopplerflasche.

»Babsi!«, rief Kateryna und breitete die Arme aus. »Endlich bist du da, wir haben was zu feiern!« Ein wenig überfordert mit der unerwarteten Situation, ließ sich Babsi Zeit beim Schuheausziehen und betrat dann, beinahe schüchtern, die Küche. »Ich habe einen Job!«, jauchzte Kateryna. »Sie hat einen Job!«, rief Clemens und schlug mit der Faust auf den Tisch. »Du hast einen Job?«, fragte Babsi und setzte sich. »Heute in dem Gasthaus habe ich beim Tellerabwaschen zwei Stunden geschuftet wie ein Tier«, erzählte Kateryna. »Dann hat mich die Chefin zu sich zitiert. Sie hat gesagt, dass sie jemand für länger sucht, einen, der nicht gleich wieder abhaut, wenn er was Besseres gefunden hat. Und mich gefragt, was ich bei ihr will, mit meinem Lebenslauf. Da hab ich gesagt, ich brauche wirklich dringend einen Job. Jetzt sofort. Und aus irgendeinem Grund konnte sie mich leiden, denn sie hat mich ihrem Sohn vorgestellt, der im Gasthaus kocht, und gesagt, hier hast du jemand für dein Cateringservice. Eine Teilzeitkraft braucht er. Nächste Woche fang ich an.« »Wow, gratuliere!«, sagte Babsi und meinte es so.

»Und zur Feier des Tages, weil ich jetzt doch nicht nach Uschhorod muss, hab ich uns dreien Wiener Schnitzel gekocht«, sagte Kateryna und verzog ihre rotweinverschmierten Lippen zu einem strahlenden Lächeln. »Aber«, sagte Babsi und räusperte sich. »Ich esse kein …« Dann verstummte sie und warf einen Blick zu Clemens, der schon betrunken war und bloß einfältig grinste. Bilder von rosa Schweinchen, die sich mit ihren Ringelschwänzen vergnügt im Matsch wälzten, flogen ihr durch den Kopf. Was hatte Buddha einmal gesagt? »Das Fleisch, das einem angeboten werde, dürfe man essen.« Mit einer Kraftanstrengung, die beinahe übermenschlich war, verjagte Babsi die quietschenden Ferkel aus ihren Gedanken. »Aber nur ein sehr kleines Stück zum Kosten«, sagte sie dann.

Kateryna holte Teller aus dem Schrank und legte auf jeden von ihnen ein frisch herausgebackenes Schnitzel. Dazu richtete sie Reis und Kartoffelsalat an und schenkte Babsi vom Rotwein ein. »Za zdorovie«, rief sie mit tiefer Stimme.

»Nastrovje«, brüllte Clemens und hob sein Glas. »Prost«, sagte Babsi. Sie nahm Gabel und Messer in die Hand und schnitt ein Stück vom Schnitzel ab, spießte das fetttriefende und überbackene Fleisch mit den Zinken ihrer Gabel auf und schob es sich in den Mund. Vorsichtig umschlossen ihre Lippen die Nahrung und ihre Zähne drangen durch die Semmelbröselpanier in die Muskelfasern der Schweinebrust ein.

»Schmeckt es dir?«, fragte Kateryna erwartungsvoll. »Ich hoffe, ich habe es wienerisch gemacht.« Babsi schloss die Augen und schluckte. »Ausgezeichnet«, sagte sie dann und rang sich ein Lächeln ab.